맥체인 성경읽기 해설

4

세움북스는 기독교 가치관으로 교회와 성도를 건강하게 세우는 바른 책을 만들어 갑니다.

맥체인 성경읽기 해설 4 (10월 · 11월 · 12월)

초판 1쇄 발행 2020년 9월 30일
초판 4쇄 발행 2025년 8월 25일

지은이 | 임승민
펴낸이 | 강인구

펴낸곳 | 세움북스
등　록 | 제2014-000144호
주　소 | 서울시 종로구 대학로 19
전　화 | 02-3144-3500
팩　스 | 02-6008-5712
이메일 | holy-77@daum.net

교　정 | 김민철
디자인 | 참디자인

ISBN 979-11-87025-73-3 (03230)
979-11-87025-55-9 (세트)

4

의미와 뜻을 알고 읽는
성경 읽기의 즐거움

임승민 지음

맥체인 성경읽기 해설

10월 · 11월 · 12월

세움북스

맥체인 성경읽기 Calendar

주의 말씀은 내 발에 등이요
내 길에 빛이니이다.
시편 119:105

10월 October

	날짜	읽기
☐	1	왕상 3 | 엡 1 | 겔 34 | 시 83~84
☐	2	왕상 4~5 | 엡 2 | 겔 35 | 시 85
☐	3	왕상 6 | 엡 3 | 겔 36 | 시 86
☐	4	왕상 7 | 엡 4 | 겔 37 | 시 87~88
☐	5	왕상 8 | 엡 5 | 겔 38 | 시 89
☐	6	왕상 9 | 엡 6 | 겔 39 | 시 90
☐	7	왕상 10 | 빌 1 | 겔 40 | 시 91
☐	8	왕상 11 | 빌 2 | 겔 41 | 시 92~93
☐	9	왕상 12 | 빌 3 | 겔 42 | 시 94
☐	10	왕상 13 | 빌 4 | 겔 43 | 시 95~96
☐	11	왕상 14 | 골 1 | 겔 44 | 시 97~98
☐	12	왕상 15 | 골 2 | 겔 45 | 시 99~101
☐	13	왕상 16 | 골 3 | 겔 46 | 시 102
☐	14	왕상 17 | 골 4 | 겔 47 | 시 103
☐	15	왕상 18 | 살전 1 | 겔 48 | 시 104
☐	16	왕상 19 | 살전 2 | 단 1 | 시 105
☐	17	왕상 20 | 살전 3 | 단 2 | 시 106
☐	18	왕상 21 | 살전 4 | 단 3 | 시 107
☐	19	왕상 22 | 살전 5 | 단 4 | 시 108~109
☐	20	왕하 1 | 살후 1 | 단 5 | 시 110~111
☐	21	왕하 2 | 살후 2 | 단 6 | 시 112~113
☐	22	왕하 3 | 살후 3 | 단 7 | 시 114~115
☐	23	왕하 4 | 딤전 1 | 단 8 | 시 116
☐	24	왕하 5 | 딤전 2 | 단 9 | 시 117~118
☐	25	왕하 6 | 딤전 3 | 단 10 | 시 119:1-24
☐	26	왕하 7 | 딤전 4 | 단 11 | 시 119:25-48
☐	27	왕하 8 | 딤전 5 | 단 12 | 시 119:49-72
☐	28	왕하 9 | 딤전 6 | 호 1 | 시 119:73-96
☐	29	왕하 10 | 딤후 1 | 호 2 | 시 119:97-120
☐	30	왕하 11~12 | 딤후 2 | 호 3~4 | 시 119:121-144
☐	31	왕하 13 | 딤후 3 | 호 5~6 | 시 119:145-176

11월 November

☐	1	왕하 14 | 딤후 4 | 호 7 | 시 120~122
☐	2	왕하 15 | 딛 1 | 호 8 | 시 123~125
☐	3	왕하 16 | 딛 2 | 호 9 | 시 126~128
☐	4	왕하 17 | 딛 3 | 호 10 | 시 129~131
☐	5	왕하 18 | 몬 1 | 호 11 | 시 132~134
☐	6	왕하 19 | 히 1 | 호 12 | 시 135~136
☐	7	왕하 20 | 히 2 | 호 13 | 시 137~138
☐	8	왕하 21 | 히 3 | 호 14 | 시 139
☐	9	왕하 22 | 히 4 | 욜 1 | 시 140~141
☐	10	왕하 23 | 히 5 | 욜 2 | 시 142
☐	11	왕하 24 | 히 6 | 욜 3 | 시 143
☐	12	왕하 25 | 히 7 | 암 1 | 시 144
☐	13	대상 1~2 | 히 8 | 암 2 | 시 145
☐	14	대상 3~4 | 히 9 | 암 3 | 시 146~147
☐	15	대상 5~6 | 히 10 | 암 4 | 시 148~150
☐	16	대상 7~8 | 히 11 | 암 5 | 눅 1:1-38
☐	17	대상 9~10 | 히 12 | 암 6 | 눅 1:39-80
☐	18	대상 11~12 | 히 13 | 암 7 | 눅 2
☐	19	대상 13~14 | 약 1 | 암 8 | 눅 3
☐	20	대상 15 | 약 2 | 암 9 | 눅 4
☐	21	대상 16 | 약 3 | 옵 1 | 눅 5
☐	22	대상 17 | 약 4 | 욘 1 | 눅 6
☐	23	대상 18 | 약 5 | 욘 2 | 눅 7
☐	24	대상 19~20 | 벧전 1 | 욘 3 | 눅 8
☐	25	대상 21 | 벧전 2 | 욘 4 | 눅 9
☐	26	대상 22 | 벧전 3 | 미 1 | 눅 10
☐	27	대상 23 | 벧전 4 | 미 2 | 눅 11
☐	28	대상 24~25 | 벧전 5 | 미 3 | 눅 12
☐	29	대상 26~27 | 벧후 1 | 미 4 | 눅 13
☐	30	대상 28 | 벧후 2 | 미 5 | 눅 14

12월 December

☐	1	대상 29 | 벧후 3 | 미 6 | 눅 15
☐	2	대하 1 | 요일 1 | 미 7 | 눅 16
☐	3	대하 2 | 요일 2 | 나 1 | 눅 17
☐	4	대하 3~4 | 요일 3 | 나 2 | 눅 18
☐	5	대하 5:1~6:11 | 요일 4 | 나 3 | 눅 19
☐	6	대하 6:12-42 | 요일 5 | 합 1 | 눅 20
☐	7	대하 7 | 요이 1 | 합 2 | 눅 21
☐	8	대하 8 | 요삼 1 | 합 3 | 눅 22
☐	9	대하 9 | 유 1 | 습 1 | 눅 23
☐	10	대하 10 | 계 1 | 습 2 | 눅 24
☐	11	대하 11~12 | 계 2 | 습 3 | 요 1
☐	12	대하 13 | 계 3 | 학 1 | 요 2
☐	13	대하 14~15 | 계 4 | 학 2 | 요 3
☐	14	대하 16 | 계 5 | 슥 1 | 요 4
☐	15	대하 17 | 계 6 | 슥 2 | 요 5
☐	16	대하 18 | 계 7 | 슥 3 | 요 6
☐	17	대하 19~20 | 계 8 | 슥 4 | 요 7
☐	18	대하 21 | 계 9 | 슥 5 | 요 8
☐	19	대하 22~23 | 계 10 | 슥 6 | 요 9
☐	20	대하 24 | 계 11 | 슥 7 | 요 10
☐	21	대하 25 | 계 12 | 슥 8 | 요 11
☐	22	대하 26 | 계 13 | 슥 9 | 요 12
☐	23	대하 27~28 | 계 14 | 슥 10 | 요 13
☐	24	대하 29 | 계 15 | 슥 11 | 요 14
☐	25	대하 30 | 계 16 | 슥 12:1~13:1 | 요 15
☐	26	대하 31 | 계 17 | 슥 13:2-9 | 요 16
☐	27	대하 32 | 계 18 | 슥 14 | 요 17
☐	28	대하 33 | 계 19 | 말 1 | 요 18
☐	29	대하 34 | 계 20 | 말 2 | 요 19
☐	30	대하 35 | 계 21 | 말 3 | 요 20
☐	31	대하 36 | 계 22 | 말 4 | 요 21

《일러두기》

교훈을 좀 더 효과적으로 연결하기 위해서 때때로 순서를 바꾸어 해설했습니다.
의미를 엮기 위한 구조로 읽기 순서와는 상관이 없습니다.
독자께서는 맥체인 성경 읽기의 순서대로 읽어 나가시면 됩니다.

머리말

좋은 목자는 어떻게 하면 양들에게 좋은 풀을 먹일 수 있을지를 고민합니다. 마찬가지로 참된 목사는 어떻게 하면 성도들이 성경을 힘써 읽게 할 수 있을지를 늘 고민합니다. 새해가 시작될 때마다 성도들은 성경읽기를 결단합니다. 그러나 3개월을 채 넘기지 못하는 경우가 많습니다. 여러 이유를 대지만 대개는 핑계입니다. 하지만 귀담아 들을 만한 이유도 있습니다. 주야장천 읽기는 하지만 그 뜻을 이해하지 못하여 유익함을 전혀 누리지 못하기에 읽다가 멈추게 된다는 것입니다. 유익함을 누리지 못하고 의무감으로 억지로 읽다 보면 어느덧 성경읽기가 무거운 짐이 되어 버린다는 것인데, 충분히 공감할 만합니다. 은혜의 방편이 되어야 할 성경읽기가 율법의 멍에가 되어 버렸기 때문입니다.

약 200년 전 로버트 맥체인 목사님은 자신이 목양하는 성도들을 위해 성경읽기표를 만들었습니다. 소위 말하는 '맥체인 성경읽기표'입니다. 이 표는 구약과 신약을 엮어서 1년 동안 성경 전체를 읽을 수 있도록 구성되어 있습니다. 맥체인 성경읽기표를 따라 읽으면 성경이 하나의 주제로 연결된 한 권의 책임을 깨닫게 됩니다. 존 스토트와 같은 믿음의 선배들은 맥체인 성경읽기표를 활용하여서 평생 동안 성경읽기와 연구를 하였다고 합니다. 그만큼 신뢰할 만한 성경읽기표입니다. 그러나 좋은 성경읽기표를 활용한다고 하여도 앞서 말한 바와 같이 그 유익을 누리지 못하면 아무런 소용이 없습니다. 또 다른 율법의 멍에가 될 뿐입니다.

『맥체인 성경읽기 해설』은 바로 그런 고민에서 시작되었습니다. 성도들이 생명의 양식을 골고루, 그리고 꾸준히 먹을 수 있도록 돕는 도구를 만들고

자 한 것입니다. 구약과 신약의 통일성을 유지하되 억지로 연결시키려고 하지는 않았습니다. 할 수 있는 한 그리스도 중심적 해석을 시도하였지만, 마찬가지로 억지로 만들어 내려고 하지는 않았습니다. 모든 성경이 그리스도를 가리키나 모든 본문이 그리스도를 담고 있는 것은 아니기 때문입니다. 또한 해당 본문이 드러내고 있는 중심 사상을 간략히 해설하여서 성경을 유익하게 읽을 수 있도록 돕고자 노력하였습니다. 자신이 읽고 있는 본문의 의미를 몰라서 아무런 유익도 누리지 못한 채 그저 의무적으로만 읽는 성도들이 없기를 바라는 마음입니다. 전문적인 해석이 아니라 중심 사상의 간략한 해설이 목표라서 지나치게 요약되거나 건너뛰어서 그 의미가 선명하지 않은 부분도 있습니다. 이 해설서의 목표를 헤아리셔서 부디 너그럽게 이해해 주시길 부탁드립니다.

『맥체인 성경읽기 해설』을 활용하는 방법은 다음과 같습니다.

1. 진리의 교사이신 성령께서 성경읽기에 함께해 주시길 기도합니다.
2. 『맥체인 성경읽기 해설』을 먼저 읽습니다.
3. 해당 본문을 읽으면서 그 전체적인 의미를 파악합니다.
4. 맥체인 성경읽기를 하는 성도들과 함께 해당 본문에 대해 나눕니다.

그 외 각자가 다양한 방법으로 활용할 수 있습니다.
성경읽기에 큰 복이 있기를 기도합니다.

저자 임승민

October

/

10월

10월 October 01

열왕기상3장 • 에베소서1장 • 에스겔34장 • 시편83-84편

열왕기상 3장은 지혜를 구하는 솔로몬의 이야기입니다. 솔로몬은 꿈속에 나타난 하나님께 백성들을 위하여 선악을 바르게 분별할 수 있도록 듣는 마음을 구합니다(9절). 하나님은 이것이 지혜를 구한 것(11절)이라고 말씀하십니다. 솔로몬의 간구는 하나님의 마음을 흡족하게 하였습니다. 그래서 하나님은 지혜뿐만 아니라 부귀와 영광도 함께 주겠다고 약속하셨습니다. 이어서 나오는 예화는 하나님께서 솔로몬에게 주신 탁월한 지혜를 보여 줍니다. 솔로몬이 보여 준 지혜로 말미암아 온 이스라엘이 왕을 두려워합니다(28절). 하나님의 지혜가 그 안에 있음을 보았기 때문입니다. 사람들의 마음을 얻는 방법은 얄팍한 처세술이 아닙니다. 하나님의 지혜를 따라 생각하고 말하고 행하는 것입니다. 하나님께 귀가 열린 자가 진정으로 지혜로운 자입니다.

에베소서 1장은 하늘로부터 오는 신령한 복에 관한 교훈입니다. 바울은 에베소교회에 인사한 후에 곧장 그들의 정체성을 언급합니다. 성도는 그리스도 안에서 하늘에 속한 모든 신령한 복을 하나님 아버지께 받은 자입니다. 이것은 우리의 행위 전에 이미 결정된 것으로 하나님의 예정을 기초로 합니다. 하나님은 당신의 기쁘신 뜻대로 우리를 예정하셔서 그리스도 예수 안에서 자녀 삼아 주셨습니다. 하나님께서 우리에게 이토록 놀라운 복을 주신 이유는 거룩하고 흠이 없게 하시며 당신의 은혜의 영광을 찬송하게 하시기 위해서입니다. 우리에게 주어진 이 놀라운 복은 그리스도로 말미암은 것입니다. 그리스도 안에서 우리는 지혜와 총명을 넘치게 받았고, 그리스도 안에서 우리는 그의 영광의 찬송이 되었습니다. 하나님으로부터 오는 것이 참된 복입니다. 하나님으로부터 시작되는 것이 진짜 구원

입니다. 하나님으로부터 출발하는 것이 진정한 인생입니다. 그러므로 하나님께서 만물의 통치자이심과 하나님께서 교회의 머리로 삼으신 그리스도를 아는 것이 모든 것을 아는 것입니다. 그리스도를 아는 지식을 추구합시다.

에스겔 34장은 선한 목자가 되시는 하나님을 말합니다. 당시 이스라엘의 목자들은 양 떼를 먹이지 않았습니다. 포악으로 그 양 떼를 다스릴 뿐이었습니다. 이렇게 당시 이스라엘의 지도자들이 어떠한 모습이었는지를 설명합니다. 그러나 참 목자이신 우리 하나님은 잃어버린 양을 찾으시고 흩어진 양을 모으시며 굶주린 양을 먹이십니다. 선한 목자이신 하나님은 양들을 돌보시기만 하지 않습니다. 심판하시기도 합니다. 남은 꼴을 짓밟고 남은 물을 더럽히는 양은 심판을 받을 것입니다. 그런 후에 화평의 언약(25절)을 말씀하시는데, 이것은 구원을 예언합니다. 일차적으로는 포로 중에 있는 이스라엘을 구원하시겠다는 것이고, 구속사적으로는 하나님께서 이 땅에 보내실 참된 목자, 곧 메시아를 통해 구원하시겠다는 것입니다.

시편 83편은 원수들이 대적할 때 하나님께서 구원의 손을 펼쳐 달라는 호소입니다. 시인은 하나님을 조롱하고 당신의 백성들을 우습게 여기는 세상에서 하나님께서 친히 일어나셔서 당신의 힘을 드러내시기를 간구합니다. 하나님께서 당신의 영광을 스스로 나타내셔서 온 세계에서 하나님의 이름만 높임 받으시기를 소망합니다. 시편 84편은 하나님의 궁정을 사모하는 노래입니다. 이 세상에는 비록 눈물이 있고 고통이 있지만, 하나님을 의지하는 자는 힘을 얻고 복을 얻습니다. 인생의 승패는 사람들에게 달려 있지 않습니다. 오직 하나님께 달려 있습니다. 그러므로 우리는 시인과 같이 하나님께서 귀 기울여 주시기를 간절히 기도해야 합니다. 주께 소망을 두고 주께 의지하는 자는 항상 좋은 것을 얻습니다.

10월 October 02

열왕기상4-5장 • 에베소서2장 • 에스겔35장 • 시편85편

열왕기상 4장과 **열왕기상 5장**은 솔로몬의 영광과 성전 건축에 관한 이야기입니다. 솔로몬 체제가 안정됩니다. 안정된 수준을 넘어 크게 성장하고 번성합니다. 4장은 주로 솔로몬의 신하들과 열두 지방 관장을 나열합니다. 솔로몬 왕국이 안정되었음을 뜻합니다. 또한 부강해졌습니다. "유다와 이스라엘의 인구가 바닷가의 모래같이 많게 되매 먹고 마시며 즐거워하였으며"(20절). 인구는 늘어났고 먹을 것이 풍부해졌습니다. 뿐만 아닙니다. 나라의 영토도 넓어졌고 군대도 강해졌습니다. 하나님께서 약속하신 대로 솔로몬에게 부귀와 영화를 주신 것입니다. 솔로몬은 곧 성전 건축을 시도합니다. 성전 건축을 위하여 두로 왕 히람에게 재료와 사람을 부탁합니다. 그리고 삼만 명의 일꾼을 일으키고 아도니람을 감독으로 삼습니다. 그렇게 성전 건축과 관련된 준비를 마칩니다. 하나님께 올바르게 반응하는 것만큼 큰 복이 없습니다. 하나님은 당신의 백성을 실망시키시지 않습니다. 하나님의 말씀에 합당한 반응은 인생을 형통하게 합니다. 하나님께 올바르게 반응하고 있는지 자기 자신을 살펴봅시다.

에베소서 2장은 그리스도와 그리스도인의 관계를 가르칩니다. 우리는 허물과 죄로 죽었던 자요, 세상 풍조를 따르고 공중의 권세 잡은 자를 따랐던 자입니다(1, 2절). 우리는 본질상 진노의 자녀였습니다(3절). 그러나 긍휼이 많으신 하나님께서 허물로 죽은 우리를 그리스도와 함께 살리셨을 뿐만 아니라 그리스도 안에서 하늘에 앉히셨습니다. 그렇게 우리는 처음부터 끝까지 그리스도의 공로로 그리스도인이 되었습니다. 그러므로 우리는 자랑할 것이 없습니다. 이것은 나에게만 적용되는 진리가 아닙니다. 우리에게 적용되는 진리입니다. 나를 그리스도인으로 만든 그리스도의 공로는 다른 성도에게도 동일하게 적용되었습니다. 모든 그리스도인은 그리스도로 말미암아 한 성령 안에서 아버지께 나아갈 수 있게 되었습니다. 그래서 우리는 하나님의 권속이요, 하나님의 성전입니다. 그리스도 예수 안에서 하나님께서 거하실 처소가 되기 위하여 부지런히 함께 지어져 갑시다.

에스겔 35장은 에돔을 향한 심판 예언입니다. 에돔은 이스라엘의 형제 나라였지만, 이스라엘을 가장 악랄하게 괴롭힌 민족이기도 했습니다. 특히 이스라엘이 심판받을 때 칼을 들고 그들을 치기까지 했습니다(5절). 여기에서 에돔의 심판이 강조되는 이유는 앞장에서 예언한 이스라엘의 구원을 더욱 강조하기 위함입니다. 이스라엘이 망하는 동안 그들을 괴롭히고 조롱했던 이방 국가들은 결국 하나님께 심판을 받게 될 것입니다. 그리고 이스라엘은 하나님께 구원받을 때 모든 민족 위에 서게 될 것입니다. 하나님은 당신의 백성을 잠시 징계하실 뿐이지 영원히 망하게 하지 않으십니다.

시편 85편은 주의 인자하심에 호소하는 기도입니다. 에스겔 35장에서 말하고 있는 것처럼, 하나님은 당신의 백성을 위하십니다. 비록 죄로 말미암아 진노하시고 징계하시기도 하지만, 하나님은 당신의 백성을 살리시고 도우십니다. 그러므로 우리는 징계를 당하는 중에도 하나님의 인자하심을 잊어서는 안 됩니다. 고난 중에도 하나님께서 좋은 것을 주심을 믿어야 합니다. 그럴 때 비로소 하나님께로 돌이킬 수 있고 하나님께 나아갈 수 있기 때문입니다. 회개는 하나님을 향한 믿음에서 나옵니다. "진실로 그의 구원이 그를 경외하는 자에게 가까우니 영광이 우리 땅에 머무르리이다"(9절).

10월 October 03

열왕기상6장 • 에베소서3장 • 에스겔36장 • 시편86편

열왕기상 6장은 성전 건축에 관한 이야기입니다. 본문은 성전 건축의 감격을 이렇게 표현합니다. "이스라엘 자손이 애굽 땅에서 나온 지 사백팔십 년이요 솔로몬이 이스라엘 왕이 된 지 사 년 시브월 곧 둘째 달에 솔로몬이 여호와를 위하여 성전 건축하기를 시작하였더라"(1절). 마치 출애굽 사건의 완성이 성전 건축인 것처럼 기술하고 있습니다. 이어서 성전의 크기와 구조를 묘사합니다. 그리고 성전 내부를 묘사합니다. 주목할 점은 그 중간에 하나님께서 말씀하신 내용입니다. 하나님은 성전 건축을 시작하는 솔로몬에게 다시 한 번 당신의 법도를 따르고 계명을 지켜야 함을 강조합니다. 그러면 하나님께서 계속하여 이스라엘 가운데 계실 것이라고 말씀하십니다. 성전 자체가 하나님의 임재를 보증하는 것이 아니라 하나님과 이스라엘의 올바른 관계가 그것을 보증한다고 말씀하고 계신 것입니다. 신앙을 점검할 때, 겉으로 보이는 몇 가지가 아니라 하나님과의 실질적인 관계가 어떠한지를 살펴야 합니다. 겉은 멀쩡해도 속은 하나님과 상관이 없을 수도 있기 때문입니다.

에베소서 3장에는 에베소 교인들을 향한 바울의 마음이 나타납니다. 바울은 자신이 그리스도 예수로 말미암아 이방인을 위하여 갇힌 자가 되었다고 말합니다. 그리스도 예수 안에서 그들이 함께 상속자가 되고 함께 지체가 되고 함께 약속에 참여하는 자가 되게 하려고 하나님께서 모든 성도 중에 가장 작은 자신에게 은혜를 주셨다고 고백합니다. 그리고 기도합니다. 믿음으로 말미암아 그리스도께서 그들 마음에 계시게 하고(17절), 그들이 지식에 넘치는 그리스도의 사랑을 알고(18절), 그 너비와 길이와 높이와 깊이가 어떠함을 깨달아 하나님의 모든 충만하신 것으로 그들에게 충만하게 하시기를 구합

니다(19절). 바울은 에베소교회의 성도들이 그리스도 안에서 하나님과 참된 관계를 맺기를 원합니다. 그것이 은혜를 얻은 이유요 일하는 목적이기 때문입니다. 그리스도를 통해 하나님과 올바른 관계를 맺는 것, 곧 참된 신앙을 추구합시다. 은혜 얻은 자의 자세요 소명을 가진 자의 태도입니다.

에스겔 36장은 새 언약을 말합니다. 앞서 에돔 족속을 향한 심판을 말씀하신 하나님은 이제 이스라엘의 완전한 회복을 약속하십니다. '여호와께서 이같이 말씀하신다'는 문장의 반복은 당시 좌절과 낙심에 빠진 이스라엘 백성들에게 말씀에 대한 믿음을 강조합니다. 하나님은 말씀하십니다. 그러므로 하나님의 백성들은 그분의 말씀을 믿고 의지해야 합니다. 하나님은 당신의 거룩한 이름을 위하여 이스라엘을 꼭 회복하시겠다고 말씀하십니다(22절). 그리고 결코 깨지지 않을 새 언약을 맺으실 것인데, 그것은 새 영을 주셔서 새 마음으로 말씀을 지키게 하시겠다는 약속입니다. 하나님과의 올바른 관계는 하나님의 약속에서 출발합니다. 우리의 열심과 반응은 이 약속에 대한 믿음을 전제합니다. 하나님께서 당신의 거룩한 이름을 위하여 세우신 그 약속 때문에 우리가 참된 신앙을 얻게 된 것입니다. 하나님의 약속 위에 우리의 믿음을 단단히 쌓아 올립시다. 하나님은 약속하신 것을 꼭 지키십니다.

시편 86편은 가난하고 궁핍한 우리의 영혼과 삶을 하나님께 의지하는 기도입니다. 우리는 가난하고 궁핍합니다. 우리의 삶뿐만 아니라 우리의 영혼도 그렇습니다. 그렇기에 우리가 환난 날에는 주께 부르짖어야 하고 범죄한 날에는 주께 사죄해야 합니다. 날마다 주님의 이름을 높여야 하고 항상 주께 의지해야 합니다. 하나님께서 은혜를 주시고 힘을 주시고 구원을 베푸셔야만 우리가 위로를 얻을 수 있기 때문입니다. "인자와 진실이 풍성하신 하나님이시오니 내게로 돌이키사 내게 은혜를 베푸소서"(15-16절).

10월 October 04

열왕기상7장 · 에베소서4장 · 에스겔37장 · 시편87–88편

열왕기상 7장은 왕궁 건축과 성전 기구에 관해 말합니다. 성전 건축 이야기 안에 왕궁 건축 이야기가 있다는 것은 솔로몬의 마음이 변질되었음을 암시합니다. 사실 솔로몬에게 몇 가지 불안 요소가 있었습니다. 대표적으로 바로의 딸을 아내로 맞이한 일입니다. 이것은 솔로몬의 마음이 온전하게 하나님을 향해 있지 않음을 보여 주는데, 왕궁 건축은 그것을 확정하는 사건이 됩니다. 솔로몬은 더 많은 시간을 투자하고 더 많은 재료를 들여서 자기 왕궁을 건축합니다. 심지어 바로의 딸에게도 자기 왕궁과 같은 집을 지어 줍니다(8절). 솔로몬의 마음이 부와 영광을 주신 하나님이 아니라 부와 영광 그 자체에 쏠리기 시작한 것입니다. 이어서 본문은 성전 안에 들어갈 두 놋기둥, 놋바다, 놋받침, 물두멍, 부삽, 대접 등이 어떻게 제작되는지를 설명합니다.

에베소서 4장은 교회로 살아가는 삶을 가르칩니다. 참된 신앙은 겉모양에 달려 있지 않습니다. 화려한 성전이 하나님과의 올바른 관계를 보장하지 않는 것처럼, 종교 행위 몇 가지가 하나님과의 올바른 관계를 보장하지 않습니다. 그러나 하나님과의 올바른 관계는 항상 합당한 행위를 일으킵니다. 바울은 부르심을 받은 일에 합당하게 행할 것을 명하면서, 각 사람이 부르심을 받은 대로 힘써 그리스도의 몸을 세우라고 말합니다. 그리스도인은 매우 구체적이고 실제적이며 현실적인 삶의 변화를 겪습니다. 옛 사람을 벗어 던지고 새 사람을 입습니다. 거짓을 버리고 참된 것을 말합니다. 말과 행동과 마음이 모두 거룩함을 지향합니다. 하나님께서 그리스도 안에서 행하신 것과 동일한 일을 행합니다. 친절하게 대하고 불쌍히 여기며 용서합니다. 그리스도인은 부르심에 합당하게 행합니다.

에스겔 37장은 마른 뼈의 환상을 통해 이스라엘이 어떻게 회복될 것인지를 미리 보여 줍니다. 하나님께서 에스겔을 마른 뼈가 가득한 골짜기로 데려가십니다. 그곳에는 이미 죽은 지 오래된 마른 뼈가 심히 많았습니다. 이스라엘의 현재 상태입니다. 육적으로는 전쟁에 패배하여 수많은 사람들이 죽은 상태였고, 영적으로는 하나님으로부터 분리되어 생명력을 완전히 잃어버린 상태입니다. 그러나 하나님께서 말씀하시자 마른 뼈가 생명을 얻어 극히 큰 군대가 됩니다(10절). 이 환상은 하나님께서 무덤을 열고 당신의 백성들을 다시 이스라엘 땅으로 돌아오게 하실 것을 뜻합니다. 두 번째 환상은 막대기 두 개가 서로 합하여 하나가 되는 것입니다. 남유다와 북이스라엘이 한 나라가 될 것이고, 다윗과 같은 왕이 그 나라의 왕이 될 것이라는 예언입니다. 하나님께서 말씀하십니다. 참 단순한 문장이지만, 이 문장이 사람의 소망입니다. 하나님께서 행하십니다. 뭔가 부족해 보이는 문장이지만, 이 문장이 사실 모든 것입니다. 하나님의 말씀과 행하심을 믿읍시다. 죽은 뼈가 생명을 얻고 분열되었던 관계가 한 몸이 될 것입니다.

시편 87편과 **시편 88편**은 하나님의 손이 모든 것을 좌우한다는 고백입니다. 하나님께서 모든 민족, 모든 사람의 근원이십니다. "여호와께서 민족들을 등록하실 때에는 그 수를 세시며 이 사람이 거기서 났다 하시리로다"(87:6). 또한 우리 인생 중에 종종 찾아오는 고통도 하나님의 손에서 나옵니다. 비록 그 원인과 목적을 정확히 알 수는 없지만, 궁극적으로는 하나님께서 모든 것을 좌우하십니다. "주께서 나를 깊은 웅덩이와 어둡고 음침한 곳에 두셨사오며"(88:6). 불신자는 이것을 탓하며 하나님을 원망하겠지만, 신자는 이것으로 말미암아 하나님을 찾습니다. 하나님의 손에서 불행이 왔다면, 하나님의 손에서 행복이 올 수 있기 때문입니다. 하나님은 마른 뼈를 만드시기도 하지만 마른 뼈에 생명을 불어넣으시기도 합니다. 그러므로 하나님을 의지합시다. 하나님께 부르짖읍시다. 고통과 상실 속에서 하나님을 의지하는 자가 참으로 복됩니다.

10월 October 05

열왕기상8장 • 에베소서5장 • 에스겔38장 • 시편89편

열왕기상 8장은 성전 봉헌식 이야기입니다. 성전이 완공되었습니다. 솔로몬은 다윗 성에 있던 언약궤를 성전의 지성소로 옮깁니다. 그리고 이스라엘의 온 회중을 향하여 연설을 시작합니다. 출애굽부터 성전이 건축되기까지의 과정을 말하여 백성들로 하여금 하나님을 경외하게 합니다. 이어지는 기도에서는 다윗 언약에 기대어 간구합니다. 이 성전 안에서 공의가 실현되고, 죄 사함의 은혜를 얻으며, 온갖 재앙에서 구원받게 되기를 기도합니다. 그리고 백성들이 하나님과의 관계를 귀히 여기고, 하나님께 마음을 두며, 하나님의 말씀에 순종할 수 있게 해 달라고 기도합니다. 성전은 하나님의 임재를 뜻합니다. 하나님께서 함께하신다는 것은 엄청난 축복입니다. 의와 거룩과 풍요가 머문다는 뜻이기 때문입니다. 마치 에덴의 축복을 누리는 것과 같고, 마지막 날 임할 하나님 나라의 영광을 맛보는 것과 같습니다. 성전은 그것을 가시적으로 보여 주는 상징입니다. 하나님께서 임하시면 모든 것이 새롭게 되고 거룩해지며 아름다워집니다.

에베소서 5장은 교회로 사는 삶을 계속해서 가르칩니다. 하나님은 그리스도 안에서 임하십니다. 우리는 그리스도 안에서 하나님의 임재를 맛봅니다. 그러므로 그리스도를 믿는 자들은 그 풍성한 은혜를 누릴 뿐만 아니라 합당한 행위를 내놓습니다. 바울은 하나님을 본받고 그리스도를 본받는 삶이 바로 그것이라고 합니다. 우리는 그리스도와 같이 자기 자신을 향기로운 제물과 희생 제물로 하나님께 드려야 합니다. 이것을 바르게 아는 사람은 어둠에 속한 일들을 꺼려 하고 빛에 속한 일들을 힘씁니다. 주의 뜻을 바로 알기 위해 노력합니다. 그리스도인의 두드러진 특징은 가정에서 출발합니다. 특히, 부부 관계에서 드러납니다. 남편은 그리스도와 같이 목숨을 다해 아내를 사랑합니다. 아내는 교회와 같이 순종함으로 남편을 사랑합니다. 그리스도와 교회의 비밀은 부부 관계를 통해 드러납니다.

에스겔 38장은 하나님께서 악을 어떻게 사용하시는지를 보여 줍니다. 하나님께서 마곡 땅에 있는 왕 곡을 일으킵니다. 그는 평안하게 살고 있는 이스라엘을 침략합니다. 그때 하나님께서 일어나셔서 그를 진멸하십니다. 본문이 전하고자 하는 교훈은 명확합니다. 하나님은 때로 악을 사용하셔서 당신의 백성을 괴롭게 하시는데, 그 궁극적인 목적은 당신의 백성과 모든 나라에 당신을 알리시기 위해서입니다. "이는 내가 너로 말미암아 이방 사람의 눈앞에서 내 거룩함을 나타내어 그들이 다 나를 알게 하려 함이라"(16절). "이같이 내가 여러 나라의 눈에 내 위대함과 거룩함을 나타내어 나를 알게 하리니 내가 여호와인 줄을 그들이 알리라"(23절). 우리의 관점에서는 때로 이해가 되지 않는 악들이 있습니다. 그 악 탓에 찾아오는 고통도 매우 큽니다. 그러나 하나님의 손에서는 악도 도구일 뿐입니다. 하나님은 당신의 영광을 위해 악을 사용하시기도 합니다.

시편 89편은 하나님의 성실하심을 노래합니다. 하나님은 당신의 언약에 참으로 성실하십니다. 택하신 자와 언약을 맺으시고 그것을 따라 일하시며 그것을 꼭 이루십니다. 하나님은 참으로 성실하십니다. 그러므로 우리는 먼저 하나님의 성품과 약속을 믿고 그분을 노래합시다. 그분의 성실하심과 인자하심을 찬송합시다. 우리의 모든 언어로 우리 가운데 행하신 일들을 찬송합시다. 또한 인내하고 기도합시다. 지금 당장 하나님의 약속이 이루어지지 않는다고 해서 실망하지 맙시다. 악한 일들이 벌어진다고 해서 좌절하지 맙시다. 하나님의 성품과 약속을 믿고 참으며 기도합시다. 하나님께서 당신의 언약을 따라 우리 가운데 임하시면 모든 것이 바로잡힐 것입니다.

10월 October 06

열왕기상9장 • 에베소서6장 • 에스겔39장 • 시편90편

열왕기상 9장에는 하나님의 응답과 솔로몬의 위험 요소가 나옵니다. 하나님께서 솔로몬의 기도를 들으시고 그를 찾아오십니다. 그런데 하나님의 응답이 심상치 않습니다. 마치 앞날을 알고 계신 듯합니다. 다윗과 같은 마음으로 하나님을 대하면 왕위가 끊이지 않겠지만, 우상을 숭배하게 되면 이 구별된 성전 앞에서 던져지게 될 것이라고 말씀하십니다. 성전보다 중요한 것은 하나님과의 올바른 관계임을 다시 한 번 강조하십니다. 안타깝게도 좋지 못한 몇 가지 징조가 나타납니다. 솔로몬은 두로 왕 히람에게 갈릴리 땅의 성읍 스무 곳을 주었습니다. 하나님께서 주신 땅을 자기가 임의로 처분한 것입니다. 또한 애굽 왕이 게셀에 살고 있는 가나안 사람을 죽이고, 그 성읍을 탈취하여 자기 딸에게 주었습니다. 이스라엘이 할 일을 애굽이 한 것입니다. 그리고 가나안 사람이 여전히 이스라엘 중에 남아 있습니다(20절). 하나님과의 올바른 관계는 큰 업적에 달려 있지 않습니다. 하나님께서 명하신 것을 얼마나 소중히 여기는지에 달려 있습니다.

에베소서 6장은 교회로 사는 삶을 계속하여 가르칩니다. 앞서 말한 것처럼, 그리스도인은 가정생활에서 매우 두드러진 변화를 맞이합니다. 부부 관계뿐만 아니라 부모 자녀 관계에도 변화가 찾아옵니다. 자녀는 주 안에서 부모에게 순종하고, 부모는 자녀를 올바르게 양육합니다. 모든 관계도 그렇게 변합니다. 종들은 그리스도께 하듯 상전을 대하고 상전 역시 동일한 마음으로 종을 대합니다. 우리가 맺고 있는 관계가 변할 때 비로소 우리는 진정한 변화를 말할 수 있습니다. 또한 우리는 잊지 말아야 합니다. 교회로 사는 삶, 곧 그리스도인의 삶은 단지 육적인 것에만 달려 있지 않습니다. 이것은 영적인 싸움입니다. 그러므로 우리는 우리의 영혼을 무장해야 하는데, 그 무기는 진리의 허리 띠와 의의 호심경과 평안의 복음의 신과 믿음의 방패와 구원의 투구와 성령의 검입니다. 그리고 항상 기도해야 합니다. 온전한 마음으로 하나님과 올바른 관계를 맺기 위해서는 영적인 무장이 항상 필요합니다.

에스겔 39장은 곡의 패망과 이스라엘의 회복에 관한 예언입니다. 하나님의 백성을 대적하는 곡을 비롯한 무리들이 완전히 망합니다. 하나님께서 당신의 이름과 영광을 위해 그들을 심판하시기 때문입니다. 그리고 당신의 이름과 영광을 위해 당신의 백성 곧 이스라엘을 회복하실 것입니다. 본문은 하나님께서 당신의 거룩한 이름을 위하여 열심을 내심(25절)을 강조합니다. 하나님은 당신 자신의 이름과 영광을 위해 악을 심판하시고 당신의 백성에게 승리를 안겨 주십니다. 그러므로 우리는 이 하나님을 믿어야 합니다. 하나님은 다른 것에 좌우되시지 않습니다. 우리의 열심과 행위에도 의지하지 않으십니다. 하나님은 항상 당신의 성품과 열심을 따라 일하십니다. 따라서 우리는 당신의 이름과 영광을 위해 일하시는 하나님을 믿고 의지합시다. 하나님과의 올바른 관계는 바로 여기에서부터 시작됩니다.

시편 90편은 모세의 기도입니다. 모세는 평생 동안 하나님과 올바른 관계를 맺고 살았습니다. 그는 하나님께서 어떤 분이신지 알았습니다. 그리고 자신이 어떤 존재인지 알았습니다. 하나님은 모든 것을 조성하시기 전 곧 영원부터 영원까지 하나님이 되십니다. 반면에 인생은 아침에 피었다가 밤에 지는 풀과 같습니다. 하나님에 비해 인생이 얼마나 무력하고 연약한지를 아는 것, 그것이 지혜입니다. 그 사람은 하나님을 정말로 의지할 수 있기 때문입니다. 하나님의 하나님 되심에 온전히 기댈 수 있기 때문입니다. 우리가 얼마나 연약한 존재인지를 깨닫게 해 달라고 하나님께 기도합시다. 하나님에 비해 우리가 어떤 존재인지를 알 때 비로소 하나님과 올바른 관계를 맺을 수 있습니다.

10월 October 07

열왕기상10장 • 빌립보서1장 • 에스겔40장 • 시편91편

열왕기상 10장은 솔로몬의 지혜와 부귀와 영광을 보여 줍니다. 하나님은 약속하신 대로 솔로몬에게 지혜와 부귀와 영광을 주셨습니다. 본문은 "여호와의 이름으로 말미암은 솔로몬의 명성"(1절)이라고 정확히 기록합니다. 스바의 여왕이 솔로몬의 명성을 듣고 먼 길을 달려옵니다. 직접 그 명성을 확인하고자 했습니다. 스바의 여왕은 예루살렘을 살핀 후 소문이 실제의 절반밖에 안 된다며 감탄합니다. 본문은 솔로몬이 가진 부를 강조합니다. 솔로몬의 부는 곧 이스라엘의 풍요를 뜻합니다. 본문은 당시의 풍요를 이렇게 표현합니다. "왕이 예루살렘에서 은을 돌같이 흔하게 하고 백향목을 평지의 뽕나무같이 많게 하였더라"(27절). 하나님은 당신의 말씀을 항상 이루십니다. 솔로몬에게 약속한 지혜와 부귀와 영광을 차고 넘치도록 주셨습니다. 본문은 하나님께서 얼마나 좋으신지, 하나님 안에 거하는 삶이 얼마나 풍요로운지를 가르칩니다. 하나님께 붙어사는 것이 가장 좋습니다. 하나님 안에 지혜와 부귀와 영광이 있기 때문입니다.

빌립보서 1장은 빌립보 교인들이 하나님의 영광과 찬송이 되기를 원하는 바울의 편지입니다. 바울은 지금 감옥 안에 있습니다(13절). 그럼에도 불구하고 바울은 기뻐하고 기뻐합니다. 자기의 매임으로 말미암아 복음이 더욱 전파될 기회를 얻었기 때문입니다. 바울이 진정으로 원하는 지혜와 부귀와 영광은 예수 그리스도의 복음이 온 땅에 전파되는 것입니다. 바울은 빌립보 교인들을 위해 이렇게 기도합니다. "예수 그리스도로 말미암아 의의 열매가 가득하여 하나님의 영광과 찬송이 되기를 원하노라"(11절). 하나님께 순종하는 왕, 솔로몬을 통해 이스라엘이 큰 영광을 얻었듯이 하나님께 참으로 순종하는 왕, 예수 그리스도로 말미암아 성도는 참된 영광을 얻습니다. 그러므로 성도는 항상 그리스도의 복음을 생각하고 위하며 전파하고, 그에 합당하게 살아야 합니다. 심지어 우리가 낮아짐으로 복음이 높아질 수 있다면 그것으로 기뻐해야 합니다. 그리스도를 위하여 우리에게 은혜를 주신 것은 그분을 믿을 뿐 아니라 또한 그분을 위하여 고난도 받게 하시기 위해서입니다(29절).

에스겔 40장은 새로운 성전에 관한 환상입니다. 때는 포로로 끌려온 지 25년이 지난 후였습니다. 에스겔은 과거에 예루살렘 성전을 환상 가운데 본 적이 있었는데, 그때는 죄로 얼룩진 성전의 참상과 그 성전에서 떠나가시는 하나님을 보았습니다. 반면에 이번에는 새로운 성전에 관한 환상을 보았습니다. 동쪽을 향한 문에서 시작하여 바깥뜰을 지나 북쪽 문과 남쪽 문, 그리고 안뜰을 거쳐 성전 문으로 인도를 받습니다. 바깥쪽에서 성전 중심부를 향해 점차 안쪽으로 인도를 받은 것입니다. 솔로몬이 성전을 완공했을 당시 하나님은 솔로몬과의 약속을 성실하게 지키셨습니다. 그러나 시간이 지나면서 이스라엘은 그 약속을 저버렸고 성전은 심각히 오염되었습니다. 이제 하나님은 그들이 오염시킨 성전을 허물고 새로운 성전을 짓겠다고 말씀하고 계십니다. 이 말씀은 예수님께서 예루살렘 성전을 허물고 사흘 만에 새로이 짓겠다고 하신 예언, 곧 십자가 사건으로 완전히 성취됩니다. 우리는 죄와 허물로 오염된 망할 인생이었지만, 참 성전이 되신 예수 그리스도 안에서 복된 인생이 되었습니다. 이 영광스러운 인생을 헛되이 쓰지 말고 그리스도를 위하여 쓸 수 있기를 바랍니다.

시편 91편은 하나님께서 당신을 사랑하는 자를 높이신다는 고백입니다. 이 세상에는 각종 재앙이 있고 온갖 악인이 있지만, 그럼에도 불구하고 우리가 안심하고 살 수 있는 이유가 있습니다. “하나님이 이르시되 그가 나를 사랑한즉 내가 그를 건지리라 그가 내 이름을 안즉 내가 그를 높이리라”(14절). 하나님께서 우리의 피난처시요 요새가 되시기 때문입니다. 그러므로 어떤 환경에 처해 있든지 간에 하나님을 의뢰합시다. 하나님께서 모든 길에서 우리를 지키실 것입니다.

열왕기상 11장은 솔로몬의 변질에 관한 이야기입니다. 약간씩 보이던 변질의 기미가 명확하게 드러납니다. 그는 수많은 이방 여인과 통혼을 합니다. 이방 여인과의 결혼을 금지한 모세 율법을 가벼이 여긴 것입니다. 결국 그녀들의 신을 우상으로 떠받들게 됩니다. 본문은 솔로몬의 마음이 여호와를 떠났다고 표현합니다(9절). 영적 간음을 저지른 것입니다. 영적 간음의 대가는 분명했습니다. 온갖 대적들이 계속해서 일어나 솔로몬을 괴롭혔습니다. 솔로몬의 부강함이 흔들리기 시작했습니다. 사실 당연한 결과입니다. 솔로몬의 부강함은 하나님으로부터 비롯되었기 때문입니다. 가장 커다란 징계는 나라의 분열이었습니다. 하나님은 솔로몬에게서 열 지파를 빼앗아 여로보암에게 주겠다고 선언하십니다. 화려한 시작에 비해 솔로몬의 말년은 씁쓸합니다. 시작도 중요하지만 끝은 더 중요합니다. 끝까지 신실하게 살아갑시다.

빌립보서 2장은 그리스도의 겸손을 닮으라는 교훈입니다. 바울은 빌립보 교인들에게 그리스도 예수의 마음을 품으라고 명합니다. 마음을 같이하여 한 사랑, 한 뜻, 한마음을 품을 것을 말하며 겸손하게 남을 자기보다 낫게 여기라고 권면합니다. 우리가 그렇게 할 수 있는 이유는 우리를 위해 자기를 낮추시고 죽기까지 복종하신 예수 그리스도 때문입니다. 하나님의 본체시나 하나님과 동등 됨을 취할 것으로 여기지 아니하신(6절) 예수 그리스도의 십자가를 만난 사람은 겸손합니다. 항상 복종하여 두렵고 떨림으로 구원을 이루어 갑니다(12절). 그리스도인의 겸손은 홀로 수양한다고 생겨나지 않습니다. 교회 안에서 관계를 이룰 때 비로소 만들어집니다.

바울은 빌립보 교인들에게 디모데를, 그리고 에바브로디도를 자기와 같이 대해 줄 것을 요청합니다. 겸손은 구체적인 대상 앞에서 적용되는 성품입니다. 우리는 그리스도의 겸손을 본받아 그리스도의 몸을 대하고 있습니까?

에스겔 41장은 성소와 지성소의 환상입니다. 하나님께서 에스겔에게 보여 주시는 성전은 솔로몬 성전과 거의 같습니다. 특히 성소와 지성소의 규격은 똑같습니다. 지성소는 하나님의 임재를 상징하는 가장 거룩한 장소입니다. 하나님께서 솔로몬의 성전에 임하셨듯이 이 성전에도 임하실 것이라고 예상할 수 있습니다. 이어서 성전과 지성소에 있는 골방을 보여 주신 후에 성전을 측량하십니다. 하나님께서 다시 이스라엘 가운데 거하시기 위한 작업입니다. 사람의 손으로 무너뜨린 성전을 하나님께서 친히 세우시고 있는 것입니다.

시편 92편과 **시편 93편**은 홀로 크신 하나님의 생각과 능력을 노래합니다. 하나님의 생각은 참으로 깊고 높아서 사람이 다 알 수 없습니다. 하나님의 능력은 참으로 크고 강해서 사람이 따라갈 수 없습니다. 하나님의 인자하심과 성실하심은 인생의 소망입니다. 우리는 솔로몬과 같아서 언제든지 변질될 수밖에 없습니다. 그러나 하나님은 솔로몬보다 더 크고 완전하신 왕, 예수 그리스도를 보내셔서 우리를 당신 안에 안전히 거하게 하셨습니다. 누가 이런 생각을 하고 누가 이런 능력을 보일 수 있겠습니까? 높이 계신 하나님을 신뢰하고 그분께서 행하신 일을 찬양합시다. "여호와여 주께서 행하신 일이 어찌 그리 크신지요 주의 생각이 매우 깊으시니이다"(92:5).

10월 October 09

열왕기상12장 · 빌립보서3장 · 에스겔42장 · 시편94편

열왕기상 12장은 이스라엘의 분열과 여로보암의 금송아지 사건을 말합니다. 솔로몬의 아들 르호보암은 지혜롭지도 않고 신실하지도 않았습니다. 그는 노인들의 충언을 버리고 젊은이들의 과격한 발언을 따랐습니다. 그 탓에 이스라엘의 열 지파가 그를 떠나 여로보암을 따르게 됩니다. 르호보암에게는 유다 지파와 베냐민 지파만 남습니다. 여로보암은 열 지파의 왕이 되는데, 안타깝게도 그 또한 하나님을 신실하게 섬기지 않습니다. 금송아지 두 개를 만들어서 하나는 벧엘에 두고 하나는 단에 둡니다(29절). 자기의 백성들이 예루살렘에 들락거리지 못하도록 한 것입니다. 나름대로 정치적인 계산을 했지만 사실 최악의 수였습니다. 여로보암의 왕권은 하나님에게서 왔기 때문에 여로보암은 하나님의 말씀에 신실해야 했습니다. 그러나 그는 자기도 하나님에게서 떠났을 뿐만 아니라 백성까지도 하나님에게서 멀어지게 하였습니다. 이제부터 이스라엘은 하나님을 가벼이 여기는 왕들 탓에 격동의 시절을 겪게 됩니다.

빌립보서 3장은 하나님 나라의 시민권을 말합니다. 죽기까지 복종하신 왕 예수 그리스도로 말미암아 우리는 하나님 나라의 시민이 되었습니다. 바울은 우리의 신분을 명확히 가르칩니다. 우리는 우리의 혈통과 실력과 공로 때문에 그리스도인이 되지 않았습니다. 우리는 오직 그리스도로 말미암아 그리스도인이 되었습니다. 과거에 우리가 의지했던 것은 오히려 우리의 신분을 방해합니다. 그래서 바울은 "내게 유익하던 것을 내가 그리스도를 위하여 다 해로 여길 뿐"(7절)이라고 말합니다. 그리스도 안에서만 이 영광스러운 신분을 획득할 수 있기 때문입니다. 그러므로 성도의 목표는 이 세상 것이 아니라 하나님께서 위에서 부르신 부름의 상이 되어야 합니다. 우리는 그리스도 안에서 하늘의 시민권자가 되었습니다.

에스겔 42장은 거룩한 방과 사방 담을 보여 줍니다. 하나님은 계속하여 방들을 보여 주십니다. 이 방들은 거룩한 방입니다(13절). 정확히는 여호와를 가까이하는 제사장들이 지성물을 먹고 보관해 두는 방입니다. 이어서 성전 담을 측량합니다. 성전 담은 거룩한 것과 속된 것을 구별하기 위한 것입니다(20절). 본문은 거룩함을 강조합니다. 거룩함을 우습게 여긴 이스라엘 백성들은 엄청난 징계를 당했습니다. 그들은 하나님을 자기 멋대로 이해하고 하나님의 말씀을 자기 멋대로 해석했습니다. 하나님께서 거룩하다 하신 것을 자기 임의로 마구 다루었습니다. 이것이 참으로 큰 죄인데, 그것을 깨닫지 못했습니다. 하나님은 다시 당신의 거룩함을 드러내시고 세워 가십니다. 하나님은 당신을 가벼이 여기는 자들을 가벼이 여기시고 당신을 귀히 여기는 자들을 귀히 여기십니다. 하나님 나라의 시민답게 하나님을 가장 높이 여기며 살아갑시다.

시편 94편은 죄를 미워하시는 하나님을 노래합니다. 시인은 하나님께서 복수하시는 분이라고 말합니다. 심판하시고 벌을 주시는 분이라고도 말합니다. 하나님은 악을 미워하시고 교만을 싫어하시기 때문입니다. 하나님은 거룩하심을 결코 포기하시지 않습니다. 그러므로 우리는 항상 하나님을 경외해야 합니다. 두렵고 떨림으로 하나님께 나아가 우리에게 주신 구원을 이루어 가야 합니다. 하나님을 우습게 여기는 죄를 저질러서는 안 됩니다. 하나님을 귀히 여기고 항상 그분께 의지해야 합니다. 하나님을 의지하지 않는 것은 사실 하나님을 귀히 여기지 않는 것이기 때문입니다.

10월 October 10

열왕기상13장 • 빌립보서4장 • 에스겔43장 • 시편95-96편

열왕기상 13장은 선지자를 통해 여로보암의 죄를 지적하시는 하나님을 말합니다. 벧엘에서 제사 드리고 있는 여로보암에게 하나님의 사람이 찾아옵니다. 그리고 그를 향한 하나님의 진노를 전합니다. 이때 하나님의 이상한 말씀이 이 선지자에게 임합니다. 떡도 먹지 말며 물도 마시지 말고 왔던 길로 되돌아가지 말라는 것입니다. 그런데 한 늙은 선지자가 이 선지자를 유혹합니다. 하나님께서 대접하라는 말씀을 주셨다고 말합니다. 늙은 선지자의 유혹에 넘어간 이 선지자는 떡을 먹고 물을 마십니다. 결국 길에서 사자를 만나 죽임을 당합니다. 이 기묘한 이야기의 교훈은 32절에 나옵니다. "그가 여호와의 말씀으로 벧엘에 있는 제단을 향하고 또 사마리아 성읍들에 있는 모든 산당을 향하여 외쳐 말한 것이 반드시 이룰 것임이니라." 즉 하나님은 당신의 말씀을 꼭 이루신다는 의미입니다. 문맥상 여로보암을 향해 하신 진노의 말씀이 반드시 성취될 것을 의미합니다. 하나님은 당신의 말씀을 반드시 이루십니다. 구원의 말씀뿐만 아니라 심판의 말씀까지도 이루십니다. 우리가 하나님의 말씀에 마음과 귀를 기울여야 하는 이유입니다.

빌립보서 4장은 빌립보교회를 향한 바울의 권면들입니다. 바울은 끝인사를 나누며 여러 권면을 합니다. 유오디아와 순두게를 권하여 같은 마음을 품으라고 합니다. 또한 항상 기뻐하라고 말합니다. 아무것도 염려하지 말고 기도할 것을, 배우고 받고 듣고 본 바를 행할 것을 말합니다. 그리고 빌립보 교인들의 후원에 감사를 표합니다. 바울은 빌립보 교인들이 참으로 복음에 합당하게 살아가기를 원합니다.

에스겔 43장은 성전에 돌아온 하나님의 영광을 보여 줍니다. 새로운 성전을 보여 주신 후에 하나님은 당신의 영광이 이 성전에 임하는 장면을 보여 주십니다. "이스라엘 하나님의 영광이 동쪽에서부터 오는데 하나님의 음성이 많은 물소리 같고 땅은 그 영광으로 말미암아 빛나니"(2절). 떠났던 하나님의 영광이 되돌아온 것입니다. 하나님은 영광이 임한 성전에서 무엇을 해야 하는지 다시 가르치십니다. 온전한 제사를 드리는 일입니다. 형식만 갖춘 제사가 아니라 하나님께서 원하시는 대로 하나님을 사랑하는 마음으로 거룩하게 드리는 제사를 요구하십니다. "이 모든 날이 찬 후 제팔 일과 그 다음에는 제사장이 제단 위에서 너희 번제와 감사제를 드릴 것이라 그리하면 내가 너희를 즐겁게 받으리라 주 여호와의 말씀이니라"(27절).

시편 95편과 **시편 96편**은 참된 제사가 어떤 것인지를 보여 줍니다. 참된 제사는 감사와 즐거움으로 하나님께 나아가 노래하는 것입니다. 하나님께서 행하신 구원을 보고 하나님께서 만드신 세상을 보며 그분을 전심으로 찬양하는 것입니다. 무엇보다 우리가 하나님의 기르시는 백성이요 그분의 손이 돌보시는 양임을 깨닫고 그분을 전심으로 사랑하는 것입니다. 그럴 때 우리는 우리의 가장 좋은 것으로 하나님을 예배할 수 있습니다. "아름답고 거룩한 것으로 여호와께 예배할지어다"(96:9).

10월 October 11

열왕기상14장 • 골로새서1장 • 에스겔44장 • 시편97-98편

열왕기상 14장은 여로보암 가문에 임하는 하나님의 진노를 말합니다. 앞장에서 하나님은 여로보암을 향한 당신의 말이 남김없이 이루어질 것이라고 말씀하셨는데, 본문은 그것이 어떻게 확정되는지를 보여 줍니다. 여로보암의 아들 아비야가 병에 듭니다. 여로보암은 자신의 아내를 시켜서 선지자 아히야를 찾아가게 합니다. 아히야는 하나님께서 말씀하신 대로 그의 집을 멸망시키실 것이라고 말합니다. 여로보암의 죄가 크기 때문입니다. "여호와께서 여로보암의 죄로 말미암아 이스라엘을 버리시리니 이는 그도 범죄하고 이스라엘로 범죄하게 하였음이니라 하니라"(16절). 아히야의 예언대로 여로보암의 아들이 죽습니다. 여로보암은 왕이 된 지 22년이 지난 후에 죽습니다. 남유다의 상태도 좋지 않았습니다. 르호보암이 다스리는 동안 남유다는 크게 쇠퇴합니다. 우상 숭배가 일반화되었고 백성들은 크게 부패했습니다. 악한 왕들이 저지른 죄의 결과는 자기 자신에게만 적용되지 않습니다. 악한 왕들에게 속한 모든 사람들에게 적용됩니다.

골로새서 1장은 만물과 교회의 머리가 되시는 예수 그리스도를 말합니다. 바울은 골로새 교인들에게 예수 그리스도께서 어떤 분이신지를 상세히 가르칩니다. 예수 그리스도는 보이지 않는 하나님의 형상이십니다. 모든 피조물보다 먼저 나셨습니다. 또한 교회의 머리가 되십니다. 만물의 으뜸이십니다. 하나님 아버지는 모든 충만으로 예수님 안에 거하게 하십니다. 특히, 그리스도 안에서 그분의 십자가의 피로 화평을 이루셔서 만물을 당신과 화목하게 하시기를 기뻐하십니다(20절). 그러므로 그리스도 안에 있는 자들은 하나님께서 주시는 모든 충만을 얻고 하나님과 화평을 이루게 됩니다. 예수 그리스도는 그야말로 참된 왕이십니다. 불순종하는 악한 왕에 속한 사람들은 그 죄의 결과를 함께 받지만 순종하는 선한 왕, 곧 우리 주 예수 그리스도 안에 속한 사람들은 그 의의 결과를 함께 받습니다. 이 얼마나 놀라운 복음입니까? 이 놀라운 복음을 우리 모두 힘을 다하여 전합시다.

에스겔 44장은 성전을 깨끗하게 하시는 하나님을 보여 줍니다. 하나님께서 에스겔을 성소 동쪽 문으로 데려가십니다. 그리고 이 문이 다시는 열리지 않을 것이라고 말씀하시는데, 하나님께서 그 문을 통해 들어오셨기 때문입니다. 이 말씀 자체가 큰 복음입니다. 이스라엘의 죄로 말미암아 떠나셨던 하나님께서 이제는 결코 떠나시지 않겠다는 선언이기 때문입니다. 이 성전에는 하나님의 영광이 항상 있을 것입니다. 그러나 죄를 방치하시겠다는 선언은 아닙니다. 하나님은 성전에 남아 있는 죄들을 지적하십니다. 할례 받지 않은 자들이 성전에서 일하는 것, 반역한 레위인들이 성전 봉사를 하는 것 등입니다. 반면에 사독의 자손들을 향해서는 칭찬하십니다. 하나님은 당신께서 친히 세우신 성전 안에 있는 자들을 모두 거룩하게 하십니다. 이것은 훗날 참된 성전이 되시는 예수 그리스도 안에 있는 자들을 흠이 없고 거룩하게 하시는 하나님의 사역을 예표합니다.

시편 97편과 **시편 98편**은 하나님의 통치가 있는 곳에 임하는 영광과 공의를 노래합니다. 하나님께서 다스리시는 곳에는 즐거움과 기쁨이 있습니다. 하나님께서 모든 것을 완전하게 통치하시기 때문입니다. 그러므로 사람은 만물을 보며 하나님을 노래할 수 있습니다. “하늘이 그의 의를 선포하니 모든 백성이 그의 영광을 보았도다”(97:6). 또한 하나님께서 다스리시는 곳에는 공의가 있습니다. 구원받을 만한 자들은 구원을 받고 악한 자들은 심판을 받습니다. “여호와께서 그의 구원을 알게 하시며 그의 공의를 뭇 나라의 목전에서 명백히 나타내셨도다”(98:2). 하나님의 통치가 있는 곳에는 영광과 공의가 있으니 우리 모두 그분의 통치를 사모하고 간구합시다.

10월 October 12

열왕기상15장 • 골로새서2장 • 에스겔45장 • 시편99-101편

열왕기상 15장은 유다 왕 아비얌과 아사, 이스라엘 왕 나답과 바아사 이야기입니다. 르호보암이 죽은 후 남유다에서는 아비얌이 왕이 됩니다. 그는 악한 왕이었습니다. 다윗을 따르기보다는 그의 아버지 르호보암을 따라갔습니다. 반면에 그의 뒤를 이은 아사는 다윗을 따라갔습니다. 남색하는 자들을 쫓아냈고 온갖 우상들을 때려 부쉈습니다. 그러나 그도 완전하지는 않았습니다. 산당을 완전히 없애지 못했고 이스라엘과의 전쟁에서 아람 왕을 의지했습니다. 북이스라엘은 여로보암의 아들 나답이 뒤를 이어 왕이 되었습니다. 그도 악한 왕이었습니다. 그는 바아사에게 죽임을 당합니다. 바아사는 북이스라엘의 왕이 된 후에 여로보암의 집을 철저히 진멸합니다. 하나님께서 말씀하신 대로 여로보암의 가문이 패망한 것입니다. 국가와 국가가 엮이고 권력자와 권력자가 교체되는 이 모든 순간에 하나님의 말씀이 성취되고 있음을 주목하십시오. 하나님만 만군의 왕이 되십니다.

골로새서 2장은 오직 그리스도를 강조합니다. 그리스도는 모든 통치자와 권세의 머리십니다(10절). 그리스도 덕분에 충만하고 그리스도 안에서 충분합니다. 그러므로 다른 철학이나 종교를 더할 필요가 없습니다. 우리의 행위도 더할 필요가 없습니다. 그리스도 안에 있으면 우리는 완전히 사함을 받고 충분한 승리를 얻습니다. 그리스도 안에서의 충만함을 바르게 이해할 때 우리의 믿음이 굳게 설 수 있습니다. 오직 그리스도 안에서만 행합시다.

에스겔 45장은 거룩한 땅을 말합니다. 성전을 중심으로 제사장에게 주는 땅, 레위 사람들에게 주는 땅, 그리고 왕들에게 주는 땅 순서로 분배를 합니다. 성전이 가장 거룩함을 말할 뿐만 아니라 성전을 중심으로 거룩함이 확장됨을 의미합니다. 특히, 왕들에게 주는 공의의 규칙을 주목해야 합니다. 거룩함은 단순히 종교적인 생활에만 국한되지 않고 일상의 정의에도 적용됩니다. 속여서 빼앗는 일을 하지 않아야 합니다. 항상 정의와 공의를 추구해야 합니다. 그와 같은 삶의 규칙과 하나님께 드리는 제사의 율법이 함께 어우러질 때 비로소 참된 거룩이 형성됩니다.

시편 99-101편은 참된 왕이신 하나님의 거룩과 공의를 노래합니다. 온 땅의 왕이신 하나님은 정의와 공의로 세상을 다스리십니다. "능력 있는 왕은 정의를 사랑하느니라 주께서 공의를 견고하게 세우시고 주께서 야곱에게 정의와 공의를 행하시나이다"(99:4). 그러므로 그분의 백성이요 그분의 기르시는 양인 우리는 감사함과 찬송함으로 그분께 나아가 찬송합니다. 또한 겸손히 살고 선한 일을 행합니다. 거짓을 행하지 않고 악한 일을 하지 않습니다. "사악한 마음이 내게서 떠날 것이니 악한 일을 내가 알지 아니하리로다"(101:4).

10월 October 13

열왕기상16장 • 골로새서3장 • 에스겔46장 • 시편102편

열왕기상 16장은 북이스라엘의 왕들의 기록입니다. 여로보암 가문이 패망한 후에 북이스라엘은 수시로 왕조가 바뀝니다. 여로보암의 아들 나답을 죽인 바아사는 여로보암을 따라 악을 행했습니다. 하나님은 여로보암의 집을 향한 저주를 바아사의 집에도 동일하게 내리십니다. 바아사가 죽은 후 그의 아들 엘라가 왕이 되지만, 곧 시므리에게 죽임을 당합니다. 시므리는 바아사에게 속한 자들을 모두 죽입니다. 시므리는 오므리에게 죽임을 당합니다. 오므리는 나름대로 훌륭한 왕이었습니다. 군사적인 능력이 있었고 사마리아에 새로운 수도를 세웠습니다. 그러나 하나님 편에서 볼 때 그는 다른 왕들보다 더 악했습니다. 오므리가 죽고 그의 아들 아합이 왕이 되는데, 본문은 아합이 이전의 모든 사람보다 여호와 보시기에 악을 더욱 행하였다고 언급합니다. 심지어 여로보암의 죄를 따라 행하는 것을 가볍게 여길 정도였다고 합니다. 엣바알의 딸 이세벨을 아내로 삼고 바알을 섬기며 그를 위한 신전과 제단을 만들었기 때문입니다. 하나님께서 떠나신 자리에는 반드시 다른 것이 와서 채우게 되어 있습니다. 북이스라엘의 역사가 그것을 말해 줍니다. 하나님께서 떠나신 자리에 배신과 살인과 혼란이 찾아왔고, 급기야 우상이 그 자리를 꽉 메워 주었습니다. 하나님입니까? 우상입니까? 인생의 기로에서 늘 받게 되는 질문입니다.

골로새서 3장은 위의 것을 찾으라는 바울의 권면입니다. 바울은 위의 것을 생각하고 땅의 것을 생각하지 말라고 말합니다. 우리의 생명이신 그리스도께서 하늘 우편에 앉아 계시기 때문입니다. 그러므로 우리는 하늘의 영광을 생각하며 땅에 있는 온갖 악한 것들을 죽여야 합니다. 특히 탐심은 우상 숭배이기에 탐심을 죽이라고 말합니다. 위의 것을 생각하면 땅의 것이 생각나지 않습니다. 반면에 땅의 것을 생각하면 위의 것이 생각나지 않습니다. 둘 중 하나입니다. 우리는 새 사람을 입었으니 옛 사람에 속한 것을 벗어 던져야 합니다. 그리스도와 같이 피차 용서해야 합니다. 항상 감사하고 찬송해야 합니다. 위의 것을 생각하는 삶은 관계 속에서 구체적인 열매를 맺어야 합니다. 아내는 남편에게 순종하고, 남편은 아내를 사랑하며, 자녀들은 부모에게 순종하고, 부모들은 자녀를 노엽게 하지 말아야 합니다. 성도는 무슨 일을 하든지 마음을 다하여 주께 하듯 하고 사람에게 하듯 하지 말아야 합니다(23절).

에스겔 46장은 왕이 성전에서 드리는 예배에 관한 교훈입니다. 군주는 안식일과 초하루에 번제와 감사제를 드려야 합니다. 백성들도 동일한 날에 예배해야 합니다. 군주와 백성이 예배를 드리는 장소와 드려야 하는 제물의 숫자가 조금 다르기는 하지만 근본적으로 큰 차이는 없습니다. 하나님의 백성은 신분에 상관없이 하나님께 예배해야 합니다. 본문은 군주의 땅이나 백성의 땅이 모두 하나님께서 주신 것이라고 말합니다. 그러므로 군주는 백성의 땅을 빼앗을 수 없습니다. 군주가 자기 아들에게 땅을 주고 싶다 해도 자기 땅을 나눠서 줄 수 있을 뿐입니다. 마지막으로 하나님은 에스겔을 성전 부엌으로 인도하십니다. 여기는 제물을 손질하는 곳입니다. 새로운 성전의 환상은 하나님께서 다시 이스라엘과 함께하시겠다는 약속입니다. 이스라엘이 오염시킨 성전 대신에 하나님께서 친히 세우신 성전을 이스라엘 중에 두고 그곳에 하나님께서 계시겠다는 것입니다. 이 얼마나 감사한 일입니까? 우리 가운데 스스로 성전을 만드시고 그 가운데 머무시는 하나님을 찬양합시다.

시편 102편은 괴로운 날을 만난 자가 주께 간구하는 기도입니다. 극심한 고통을 호소합니다. "내 날이 연기같이 소멸하며 내 뼈가 숯같이 탔음이니라"(3절). 그러나 그런 와중에도 하나님께 소망을 두고 기도합니다. 하나님은 빈궁한 자의 기도를 돌아보시기 때문입니다. 하나님만이 우리의 안전을 보장하십니다. 그분 앞에 굳게 섭시다.

10월 October 14

열왕기상17장 · 골로새서4장 · 에스겔47장 · 시편103편

열왕기상 17장에는 엘리야 선지자가 등장합니다. 엘리야가 아합에게 찾아와서 수 년 동안 비가 내리지 않을 것이라고 말합니다. 그리고 하나님의 말씀을 따라 요단 앞 그릿 시냇가에 숨습니다. 하나님은 까마귀들을 통해 엘리야에게 떡과 고기를 가져다주십니다. 성경에서 가뭄은 종종 영적 빈곤 상태를 의미합니다. 풍요를 위해 우상을 섬겼던 이스라엘에는 물과 양식이 떨어졌지만 하나님의 사람 엘리야에게는 먹을 것이 끊이지 않았음을 주목하십시오. 엘리야는 사르밧에 사는 과부를 찾아가서 먹을 것을 얻습니다. 지독히 가난했던 과부는 엘리야의 말을 믿고 먹을 것을 내주는데, 이 덕분에 큰 복을 누립니다. 먹을 것이 떨어지지 않았고, 죽은 아들이 되살아나는 기적을 맛봅니다. 본문의 교훈은 명확합니다. 하나님께서 풍요와 생명의 근원이시라는 점입니다. 당시 이스라엘은 하나님 이외의 것을 의지했습니다. 군사력과 경제력과 외교력을 의지했고, 주변 국가의 신들을 우상으로 섬겼습니다. 하나님은 이스라엘을 살리시고 먹이셨는데, 이스라엘은 하나님을 버리고 다른 신을 따른 것입니다. 하나님을 전심으로 의지해 봅시다. 적당한 수준이 아니라 온 힘을 다해 사랑하고 온 정성을 다해 섬겨 봅시다. 하나님께서 참 좋으신 우리의 아버지시라는 진리를 체험하게 될 것입니다.

골로새서 4장은 골로새교회를 향한 몇 가지 권면과 마무리 인사입니다. 바울은 특히 기도를 강조합니다. "기도를 계속하고 기도에 감사함으로 깨어 있으라"(2절). 기도는 하나님을 신뢰하는 사람만이 할 수 있는 신앙 활동입니다. 하나님을 전심으로 의지하는 사람은 기도를 계속합니다. 또한 바울은 한 사람 한 사람 이름을 말하며 마무리 인사를 합니다. 문안을 전하는 사람과 문안을 받는 사람을 명확히 언급합니다. 바울은 군중을 대상으로 목회하지 않았고 한 사람을 대상으로 목회했음을 알 수 있습니다. 바울은 한 사람 한 사람이 하나님의 은혜 가운데 살아가기를 간절히 소망했습니다.

에스겔 47장은 새로운 성전이 가지고 있는 생명력을 묘사합니다. 성전 문지방에서 물이 흘러나옵니다. 이 물은 동쪽으로 흘러서 바다에 이릅니다. 이 강이 이르는 곳마다 모든 것이 살아납니다. 생물이 살고 고기가 많아지고 강 좌우에는 과실나무가 심히 많아집니다. 바닷물까지 살아납니다. 이 환상은 참된 성전이 되시는 예수 그리스도의 복음을 상징합니다. 예수 그리스도의 복음이 이르는 곳마다 죽었던 것들이 살아납니다. 죽은 영혼이 살고 죽은 마음이 살고 죽은 관계가 살아납니다. "이 강이 이르는 각처에 모든 것이 살 것이며"(9절).

시편 103편은 하나님의 구원을 노래합니다. 하나님은 풍요와 생명의 근원이 되십니다. 하나님으로부터 출발하지 않은 것은 사실 우상일 뿐입니다. 하나님은 우리의 모든 죄악을 용서하시고 우리의 모든 억울함을 풀어주십니다. 하나님은 참으로 긍휼이 많으시고 은혜로우시며 노하기를 더디 하시고 인자하심이 풍부하십니다(8절). 하나님은 우리가 얼마나 연약한지, 얼마나 부족한지를 다 알고 계십니다. "그가 우리의 체질을 아시며 우리가 단지 먼지뿐임을 기억하심이로다"(14절). 하나님의 긍휼은 우리의 소망입니다. 하나님께서 우리를 불쌍히 여기시기 때문에 우리가 하나님께 기댈 수 있습니다. 그러므로 온 힘을 다해 하나님을 의지해 봅시다. 온 정성을 다해 하나님을 섬겨 봅시다. 하나님께서 얼마나 인자하신지를 체험하게 될 것입니다.

10월 October 15

열왕기상18장 • 데살로니가전서1장 • 에스겔48장 • 시편104편

열왕기상 18장은 바알 선지자들과 대결하는 엘리야 이야기입니다. 아합의 아내 이세벨은 바알 종교를 이스라엘의 국교로 만들려고 노력했습니다. 그 노력 중 하나가 여호와의 선지자를 멸하는 것이었습니다. 이때 오바댜라는 신하가 여호와의 선지자들을 숨겨 줍니다. 하나님의 말씀이 엘리야에게 임합니다. 엘리야는 아합왕을 찾아가 한 가지 제안을 합니다. 바알 선지자 사백 오십 명과 아세라 선지자 사백 명을 갈멜 산으로 모아서 한 번 대결해 보자는 것이었습니다. 바알 선지자들이 모여서 하루 종일 괴성을 지르고 자해를 하며 제물에 불이 붙기를 요청했지만 소용이 없었습니다. 반면에 엘리야가 기도하자 하늘에서 불이 내려와 순식간에 제물에 불이 붙었습니다. 엘리야는 그 자리에서 바알 선지자들을 모두 죽입니다. 그리고 아합 앞에서 하나님께 기도하여 삼년 만에 비가 오게 하였습니다. 바알은 비의 신입니다. 당시는 농경 사회였기 때문에 비를 내려 주는 신이 사실상 풍요를 보장해 주는 신입니다. 이세벨 등은 바알 종교를 국교로 만들기 위해 바알이 비의 신이라고 홍보하였지만, 실제로 비를 관장하시는 분은 하나님이셨습니다. 바알은 무력한 우상일 뿐입니다. 본문은 하나님만이 참된 신이심을 명확히 보여 줍니다. 우리 시대에도 바알과 같은 우상이 참 많습니다. 우리의 안전과 풍요와 행복을 보장해 줄 것처럼 보이는 세상 것들이 얼마나 많은지 모릅니다. 그러나 우리를 진정으로 만족시켜 줄 수 있는 분은 하나님밖에 없습니다. 우리 마음속에 이 교훈을 깊이 새기길 바랍니다.

데살로니가전서 1장은 데살로니가 교인들의 믿음을 칭찬하는 내용입니다. 바울은 데살로니가교회로 말미암아 감사하다고 말합니다. 그들은 믿음의 역사와 사랑의 수고와 우리 주 예수 그리스도에 대한 소망의 인내가 있었습니다. 그들이 붙들고 있는 복음에는 말뿐 아니라 능력과 성령과 큰 확신이 있었습니다. 또한 그들은 예수 그리스도와 바울 등을 본받아서 모든 믿는 자의 본이 되었습니다. 그들은 참으로 우상을 버리고 참되신 하나님을 섬겼습니다. 인생의 궁극적인 싸움은 결국 이것입니다. 우상을 버리고 참되신 하나님을 섬기는 것입니다. 그동안 자기가 은연중에 붙들어 왔던 우상을 제거하고 참되고 신실하신 하나님을 전심으로 믿읍시다. 칭찬받는 믿음을 만들어 갑시다.

에스겔 48장은 땅 분배로 마무리됩니다. 땅 분배는 모든 것이 완성되었다는 의미입니다. 하나님은 창조를 끝내시고 아담에게 땅을 주셨습니다. 가나안 정복 전쟁이 끝난 후 하나님은 열두 지파에게 땅을 주셨습니다. 그리고 새로운 성전의 환상을 모두 보여 주신 후 하나님은 다시 열두 지파에게 땅을 주십니다. 성전을 중심으로 땅을 분배한다는 것은 하나님께서 그들을 당신의 백성으로 삼아 주신다는 뜻입니다. 최종적으로 이 성의 이름은 '여호와 삼마'가 됩니다. '여호와께서 거기에 계시다'라는 뜻입니다. 하나님의 영광이 떠났던 예루살렘성에 이제는 하나님께서 항상 함께하실 것입니다. 그런 의미에서 '여호와 삼마'는 그 자체로 복음입니다. 하나님께서 우리 삶에 계신 것 자체가 복음입니다.

시편 104편은 하나님께서 계심 자체가 얼마나 좋은지를 노래합니다. 하나님은 온 우주를 아름답게 통치하십니다. 하늘과 땅과 바람과 물을 정확하게 통치하십니다. 들짐승과 공중의 새와 가축을 따뜻하게 통치하십니다. 낮과 밤을 움직이시고 생태계를 돌보십니다. "이것들은 다 주께서 때를 따라 먹을 것을 주시기를 바라나이다"(27절). 하나님만이 비의 신이시고 풍요의 신이시며 생명의 신이십니다. 모든 풍요와 생명은 하나님을 출처로 합니다. 그러므로 우리는 평생토록 하나님을 노래합시다. 살아 있는 동안 하나님을 찬양합시다. 항상 하나님께 기도합시다. 하나님께서 계신다는 것 자체가 얼마나 좋은지 모릅니다.

10월 October 16

열왕기상19장 • 데살로니가전서2장 • 다니엘1장 • 시편105편

열왕기상 19장에서는 하나님께서 엘리야를 위로하십니다. 갈멜산에서 큰 승리를 거두었지만 이세벨의 위협 때문에 엘리야는 도망자 신세가 됩니다. 지친 그는 로뎀 나무 아래에서 죽기를 호소하였지만 하나님께서 돌봐 주십니다. 그리고 호렙산에서 그를 친히 만나 주십니다. 놀랍게도 세미한 음성으로 만나 주십니다. 그리고 바알에게 입 맞추지 않은 칠천 명이 남아 있을 것이라고 말해 주십니다. 우리는 때로 세상 속에서 큰 외로움을 느낍니다. 신앙을 갖고 사는 것이 매우 고단하다고 느낄 때도 있습니다. 그래서 다 때려 치고 싶기도 합니다. 하나님은 그런 우리를 위로해 주십니다. 하나님의 위로는 거대한 사역에서 오는 것이 아니라 작은 말씀에서 옵니다. 만군의 왕이신 하나님께서 우리를 위해 세심하게 말씀하신다는 것이 얼마나 큰 사건인지 묵상해 보십시오. 뿐만 아니라 하나님은 신앙의 지체들을 우리에게 붙여 주십니다. 함께 위로하고 함께 돕고 함께 걸어갈 수 있는 신앙의 지체들을 곳곳에 숨겨 두셔서 믿음의 여정이 외롭지 않게 하십니다. 우리 자신이 믿음의 나그네들을 따뜻하게 위로할 수 있도록 힘써 노력합시다.

데살로니가전서 2장은 바울이 데살로니가에서 어떻게 섬겼는지를 말합니다. 바울은 간사함이나 부정이나 속임수로 무엇인가를 말하지 않았습니다. 오직 하나님을 기쁘시게 하기 위해 위탁받은 복음을 말했습니다. 아첨하는 말이나 탐심이 가득한 말도 하지 않았습니다. 권위를 주장하기보다는 자기 자녀를 대하듯이 데살로니가 성도들을 대했습니다. 그는 심지어 목숨까지 내어 줄 수 있을 만큼 그들을 사랑한다고 말합니다. 또한 아버지와 같이 권면하고 위로하고 경계하여 하나님께 합당하게 행하도록 하려 한다고 말합니다. 바울이 교회를 얼마나 사랑하는지를 엿볼 수 있습니다. 우리도 바울을 본받아 신앙의 지체들을 위로하고 돕고 섬기는 자가 되어야 합니다. 성도에게 이기심은 온당치 않은 마음입니다. 성도는 항상 하나님의 영광을 위해 지체를 생각하고 도와야 합니다. "너희는 우리의 영광이 기쁨이니라"(20절).

다니엘 1장은 바벨론 왕궁에 끌려간 다니엘과 세 친구의 이야기입니다. 예루살렘을 점령한 느부갓네살왕은 이스라엘의 청년들을 왕궁으로 데려옵니다. 그들에게 바벨론의 학문과 언어를 가르쳤고, 왕이 먹는 음식과 포도주를 내어 주었습니다. 이때 다니엘과 세 친구들은 우상에게 바쳐졌다가 제공되는 이 음식들을 거절합니다. 그러면서 제안합니다. 열흘 동안 물과 채식만 먹은 우리와 포도주와 고기를 먹은 사람들을 비교해 보자고 말입니다. 열흘이 지난 후 다니엘과 세 친구들의 혈색이 더욱 좋아졌기에 그들은 계속하여 물과 채소만 먹을 수 있게 되었습니다. 본문은 하나님께서 이 네 소년에게 특별한 지혜를 주셨다고 전합니다(17절). 세상은 고단한 곳입니다. 세상은 신앙을 인정하지 않습니다. 때때로 세상은 신앙을 위협합니다. 그럴 때 우리는 다니엘과 세 친구들의 믿음을 마음에 새겨야 합니다. 어떻게 살지를 정해야 합니다. 담대해야 합니다. 동시에 지혜로워야 합니다. 무엇보다 하나님께서 우리에게 필요한 것을 주신다는 믿음을 가져야 합니다. 하나님은 우리를 위로하시고 도우십니다.

시편 105편은 나그네가 되어 떠돌아다니는 주의 백성들이 가져야 하는 믿음에 관한 교훈입니다. 아브라함과 그의 후손들은 나그네였습니다. 요셉도 고단한 삶을 살았던 나그네였습니다. 이스라엘 민족은 애굽의 포로가 되어 고난을 당했습니다. 그러나 그 와중에도 하나님은 항상 함께하셨습니다. 때때로 큰 고난이 그들의 인생을 압도하였지만, 하나님은 더 큰 능력으로 그들을 구원해 주셨습니다. 그러므로 우리가 하나님께 드릴 것은 찬양과 감사입니다. 그분의 이름을 자랑하고 그분의 능력을 구합시다.

10월 October 17

열왕기상20장 • 데살로니가전서3장 • 다니엘2장 • 시편106편

열왕기상 20장에는 아람과의 전쟁에서 승리를 주신 하나님과 하나님의 말씀을 가볍게 여기는 아합왕이 나옵니다. 하나님은 비의 신이시요 풍요의 신이실 뿐만 아니라 전쟁의 신이시기도 합니다. 아람 왕 벤하닷이 군대를 끌고 쳐들어옵니다. 아합왕은 협상을 시도했지만 거절을 당합니다. 아람 왕은 막강한 군대를 가지고 있었지만 하나님께서 아합왕에게 승리를 주겠다고 약속하십니다. 하나님께서 여호와이심을 알게 하시기 위해서입니다(13절). 약속하신 대로 하나님은 큰 승리를 주십니다. 아람 왕이 다시 군대를 정비하여 싸움을 겁니다. 여호와가 산의 신이기에 평지에서 싸우면 이길 것이라고 큰 소리를 떵떵 쳤지만, 이 싸움에서도 하나님은 아합에게 큰 승리를 안겨 주십니다. 하나님께서 계속 승리를 주시는 이유는 이렇습니다. "그러므로 내가 이 큰 군대를 다 네 손에 넘기리니 너희는 내가 여호와인 줄을 알리라"(28절). 승리를 얻은 아합은 벤하닷이 내놓은 성읍을 받고 그를 살려 줍니다. 하나님은 선지자를 보내셔서 당신께서 죽이시기로 한 사람을 아합이 살려 줬으니 그의 생명으로 대신하겠다고 말씀하십니다. 하나님은 믿음을 요청하며 승리를 주셨는데, 아합은 믿음은 고사하고 불순종을 합니다. 성도는 하나님을 믿어야 합니다. 그리고 그 믿음대로 행해야 합니다.

데살로니가전서 3장은 데살로니가 교인들의 믿음을 굳건하게 하는 바울의 교훈입니다. 바울은 디모데를 보내서 데살로니가 교인들의 믿음을 위로하려고 합니다. 여러 환난이 있기 때문입니다(3절). 바울은 믿음으로 말미암아 환난이 있을 것이라고 말한 적이 있다고 말합니다. 그러나 막상 이 환난을 만났을 때 흔들릴 수 있기 때문에 교인들의 믿음을 알기 위하여 디모데를 보낸다고 말합니다. 믿음으로 말미암은 환난은 믿음을 흔들리게 합니다. 심한 고통과 핍박은 우리의 육체와 영혼을 약하게 만들기 때문입니다. 그럴 때 필요한 것은 위로입니다. 그리고 믿음을 굳건하게 세워 줄 수 있는 믿음의 동료입니다. 피차의 믿음을 점검합시다. 세상 앞에서 흔들리고 있는 믿음의 지체들이 있다면 위로하고 도와줄 수 있기를 바랍니다.

다니엘 2장은 느부갓네살왕의 꿈을 해석하는 다니엘 이야기입니다. 느부갓네살왕이 꿈을 꿉니다. 심상치 않은 꿈을 꾼 것은 틀림없는데 꿈의 내용이 생각나지 않았습니다. 술사들을 불러 모아서 꿈과 그 해석을 요청합니다. 아무도 그것을 하지 못할 때 다니엘이 나섭니다. 하나님께서 그것을 알려 주셨기 때문입니다. 다니엘은 느부갓네살왕 앞에서 매우 담대하게 하나님을 높입니다. "오직 은밀한 것을 나타내실 이는 하늘에 계신 하나님이시라"(28절). 다니엘이 말한 꿈은 역사의 주관자가 되시는 하나님에 관한 것이었습니다. 큰 신상은 차례로 나타날 네 개의 강대국을 의미하는데, 이 모든 과정이 하나님의 섭리 안에 있습니다. 궁극적으로 결코 망하지 않는 나라가 세워질 것인데, 바로 하나님의 나라입니다. 느부갓네살왕은 하나님을 찬양하고 다니엘을 높여 줍니다. 우리가 이 세상에 속한 것들을 두려워하지 않을 이유는 하나님께서 이 세상의 진정한 주관자시기 때문입니다. 하나님께서 모든 권력과 통치자들과 권세자들을 주관하시는데 우리가 무엇을 두려워하겠습니까? 믿음으로 담대히 살아갑시다.

시편 106편은 죄를 용서하시는 하나님을 노래합니다. 하나님은 이스라엘을 애굽에서 건져 내셨습니다. 홍해를 건너게 하셨고 대적들을 물로 덮어 버리셨습니다. 광야에서 악한 자들을 심판하셨고 죄지은 자들을 용서하셨습니다. 가나안에서도 그렇게 하셨습니다. 그럼에도 불구하고 이스라엘은 끊임없이 하나님께 죄를 범했습니다. 광야에서도 죄를 범했고 가나안에서도 죄를 범했습니다. 그러나 자비로우신 하나님은 백성들이 부르짖을 때마다 돌봐 주셨습니다. 하나님은 당신의 백성들을 세심하게 돌보십니다. 심지어 범죄한 백성까지도 포기하지 않으십니다.

10월 October **18** 열왕기상21장 • 데살로니가전서4장 • 다니엘3장 • 시편107편

열왕기상 21장은 포도원을 빼앗기 위해 나봇을 죽인 아합 가문에 재앙이 임하는 이야기입니다. 아합왕이 나봇의 포도원을 탐냅니다. 나봇은 조상의 유산이므로 팔 수 없다고 말합니다. 탐심으로 고통스러워하는 아합왕을 보고 이세벨이 악한 꾀를 내어 나봇을 죽여 버립니다. 그리고 그 포도원을 차지합니다. 탐욕에 사로잡히면 사람이 얼마나 악해질 수 있는지를 관찰할 수 있습니다. 하나님의 말씀을 들은 엘리야가 즉각 아합을 찾아갑니다. 그리고 이 악한 행위에 대해 하나님께서 반드시 심판하실 것이라고 말합니다. 여로보암의 집이나 바아사의 집처럼 완전한 진멸을 선언합니다. 본문은 악행이 어떤 과정을 거쳐 완성되는지를 보여 줍니다. 자기 것이 아닌 것에 탐심을 품습니다. 탐심이 좌절되면 더 큰 탐심으로 변화됩니다. 탐심을 채워 줄 수 있는 악한 사람의 꾀를 받아들입니다. 자기 탐심에 따른 희생자 따위는 생각지도 않습니다. 탐심이 채워졌다는 사실만으로 기뻐합니다. 비록 탐심을 품은 사람이 일시적으로 탐심을 채울 수는 있겠지만, 하나님은 그 악행을 반드시 기억하십니다. 악은 심판을 받습니다.

데살로니가전서 4장은 하나님을 기쁘시게 하는 삶이 무엇인지를 가르칩니다. 바울은 데살로니가 교인들에게 어떻게 행하는 것이 하나님을 기쁘시게 할 수 있는지를 말합니다. 하나님의 뜻은 이것입니다. "너희의 거룩함이라 곧 음란을 버리고 각각 거룩함과 존귀함으로 자기의 아내 대할 줄을 알고 하나님을 모르는 이방인과 같이 색욕을 따르지 말고 이 일에 분수를 넘어서 형제를 해하지 말라"(3-6절). 악행은 가까이해서는 안 됩니다. 탐심은 절제해야 합니다. 항상 거룩해야 합니다. 음란과 색욕을 버려야 합니다. 거룩함을 저버리는 것은 하나님을 저버리는 것과 같습니다(8절). 단

정히 행하고 힘써 일해야 합니다. 예수 그리스도께서 오실 때까지 소망을 품고 서로 사랑하고 서로 위로해야 합니다.

다니엘 3장에는 금 신상 앞에 절하지 않는 다니엘의 세 친구들이 나옵니다. 느부갓네살왕이 커다란 금 신상을 만듭니다. 그리고 엎드려 절하지 않는 자는 즉시 풀무불에 던져 넣겠다고 선언합니다. 이와 같은 위협에도 불구하고 사드락, 메삭, 아벳느고는 끝까지 금 신상에 절하지 않습니다. 그들이 금 신상에 절하지 않은 이유는 다음과 같습니다. "왕이여 우리가 섬기는 하나님이 계시다면 우리를 맹렬히 타는 풀무불 가운데에서 능히 건져 내시겠고 왕의 손에서도 건져 내시리이다"(17절). 그들은 심지어 하나님께서 그렇게 하지 아니하실지라도 절하지 않겠다고 말합니다. 분노한 느부갓네살왕은 풀무불에 그들을 던져 넣습니다. 하지만 놀랍게도 그들은 불에 타지 않았습니다. 더 놀라운 것은 세 명이 아니라 네 명이 그곳에 있었다는 점입니다. 느부갓네살왕은 그들을 다시 불러들인 후에 이렇게 고백합니다. "이같이 사람을 구원할 다른 신이 없음이니라"(29절). 아무리 험악한 상황이어도 하나님의 뜻대로 살아갑시다. 하나님의 뜻대로 사는 자를 하나님은 결코 외면하지 않으십니다.

시편 107편은 근심 중에 있는 자들, 풍랑을 만난 자들을 도우시는 하나님을 노래합니다. "그들이 근심 중에 여호와께 부르짖으매 그들의 고통에서 건지시고 또 바른 길로 인도하사 거주할 성읍에 이르게 하셨도다"(6-7절). 하나님은 곤고한 영혼을 도우십니다. 환난 중에 있는 자들을 건지십니다. 풍랑을 만나서 이리저리 흔들릴 때도 광풍을 잠잠케 하시고 항구로 인도하십니다. "여호와께서 그들이 바라는 항구로 인도하시는도다"(30절). 고난이 있을 수 있습니다. 풍랑이 있을 수 있습니다. 그러나 우리가 안심하고 믿음의 길을 걸어갈 수 있는 이유는 당신의 백성을 향해 항상 인자하신 하나님 아버지가 계시기 때문입니다.

10월 October 19

열왕기상22장 • 데살로니가전서5장 • 다니엘4장 • 시편108-109편

열왕기상 22장은 아합왕의 죽음을 언급합니다. 아합왕이 유다 왕 여호사밧에게 아람과 전쟁을 치르자고 제안합니다. 여호사밧은 하나님께 먼저 물은 후에 결정하자고 합니다. 모든 선지자가 이 전쟁에서의 승리를 예언하였지만 미가야라는 선지자는 다른 말을 합니다. 길르앗 라못에서 아합이 죽을 것이라는 말이었습니다. 분노한 아합은 미가야를 감옥에 가둡니다. 북이스라엘과 남유다 연합군이 아람과 싸우다가 큰 패배를 당합니다. 그리고 미가야의 예언처럼 아합이 싸움에서 죽습니다. 자기 마음에 들지 않는다고 하나님의 말씀을 무시했다가 결국에는 죽음에 이르고 만 것입니다. 본문은 아합왕과 연합한 여호사밧왕에 관해 계속해서 말합니다. 여호사밧은 여호와 앞에서 정직하게 행한 유다의 왕이었습니다. 특히 그는 북이스라엘과 화평하게 지냈는데, 아합이 죽은 뒤 왕위를 이어받은 아하시야와도 화평을 유지했습니다. 아하시야는 아합과 같이 악한 왕이었습니다. 본문에서 우리는 유불리를 따지지 않고 하나님의 말씀을 있는 그대로 전하는 선지자를 봅니다. 반면에 자기가 듣기 싫은 말씀을 거부하고 공격하는 왕도 봅니다. 말씀을 있는 그대로 전한 선지자는 잠시 감옥에 갇혔으나 놓임을 받게 되고, 말씀을 거부하고 공격한 왕은 잠시 살았으나 곧 죽임을 당하게 됩니다. 우리의 선호도를 따라 말씀을 선택해서는 안 됩니다. 우리의 취향을 따라 말씀을 결정해서도 안 됩니다. 오히려 말씀을 따라 우리의 선호도와 취향을 결정해야 합니다.

데살로니가전서 5장은 갑자기 임하는 종말을 경고하고 날마다 하나님의 뜻대로 살라고 권합니다. 종말이 언제인지는 알 수 없습니다. 바울은 도둑같이 임할 것이라고 말합니다. 그러므로 우리가 할 일은 "다른 이들과 같이 자지 말고 오직 깨어 정신을 차리는 것"(6절)입니다. 우리는 빛의 아들

이므로 낮에 속한 자들과 같이 행해야 합니다. 또한 사랑 안에서 서로 귀히 여기며 화목해야 합니다. 게으른 자들을 권계하고 마음이 약한 자들을 격려하며 힘이 없는 자들을 붙들어 주고 모든 사람에 대해 오래 참아야 합니다. 항상 기뻐하고 쉬지 말고 기도하며 범사에 감사해야 합니다. 이것이 하나님의 뜻이기 때문입니다. 종말 앞에서 깨어 살아가기 원하는 성도는 바울의 여러 권면을 마음에 새겨야 합니다.

다니엘 4장은 느부갓네살왕의 꿈을 다니엘이 두 번째로 해석해 주는 장면입니다. 느부갓네살왕이 꿈을 꿉니다. 이번에도 술사들은 꿈을 해석하지 못합니다. 다니엘이 그 꿈을 해석합니다. 하늘까지 닿은 높은 나무는 느부갓네살을 뜻하고, 거룩한 자가 그 나무를 베어 버리는 것은 느부갓네살이 쫓겨나서 들짐승과 같이 지내게 된다는 뜻이며, 나무뿌리가 남아 있는 것은 느부갓네살이 하나님께서 다스리시는 줄을 깨달은 후에 다시 왕이 된다는 뜻입니다. 본문은 하나님의 주권을 확실하게 가르칩니다. 당시 바벨론은 가장 강대한 제국이었습니다. 바벨론의 왕 느부갓네살은 자기가 가장 높은 곳에 있다고 믿었습니다. 그러나 하나님은 그를 치셨고, 그는 그 높은 곳에서 가장 낮은 곳으로 떨어졌습니다. 이 모든 것을 경험한 후에 그는 이렇게 고백합니다. "그러므로 지금 나 느부갓네살은 하늘의 왕을 찬양하며 칭송하며 경배하노니 그의 일이 다 진실하고 그의 행하심이 의로우시므로 교만하게 행하는 자를 그가 능히 낮추심이라"(37절). 하나님은 교만한 자를 반드시 낮추십니다.

시편 108편과 **시편 109편**은 하나님만을 높이는 찬양입니다. 하나님은 모든 나라와 민족을 다스리시는 왕입니다. 하나님만 가장 높은 곳에 계십니다. 그러므로 우리는 사람이 아니라 하나님을 의지해야 합니다. 하나님은 사람의 인생을 좌우하십니다. 악한 자들을 징계하시고 선한 자들을 도우십니다. 우리는 이것을 믿어야 합니다. 하나님은 가난하고 궁핍한 자들의 상한 마음을 기억하십니다.

열왕기하 1장은 망해 가는 아합 가문을 보여 줍니다. 아합이 죽은 후 그의 아들 아하시야가 왕이 됩니다. 그는 다락 난간에서 떨어져서 병들자 에그론의 신 바알세붑에게 이 병이 낫겠나 묻으려 합니다. 하나님께서 진노하십니다. 이스라엘의 하나님 여호와께서 계심에도 불구하고 에그론의 신 바알세붑을 찾아갔기 때문입니다. 이 영적 간음 앞에서 하나님은 아하시야가 반드시 죽을 것이라고 말씀하십니다. 아하시야는 군사들을 보내서 이 말씀을 전한 엘리야를 잡으려 합니다. 그러나 그때마다 하늘에서 불이 내려와 군사들을 불살랐습니다. 결국 아하시야는 하나님의 말씀대로 침상에서 내려오지 못하고 죽습니다. 아합이 하나님께 징계를 당한 것을 다 보고도 그의 아들은 변하지 않았습니다. 마치 하나님을 대놓고 무시하듯 에그론의 신 바알세붑을 찾아갔습니다. 이것은 일부러 남편 앞에서 간음을 저지르는 것과 같은 행위입니다. 하나님을 우습게 여기는 자는 반드시 하나님의 심판을 받습니다.

데살로니가후서 1장은 공의로우신 하나님을 믿고 끝까지 충성하자는 바울의 권면입니다. 데살로니가 교인들은 박해와 환난을 당하고 있습니다. 바울은 그들의 믿음을 위해서 하나님의 공의로운 심판을 언급합니다. 공의로우신 하나님은 교회에게 환난을 주는 자들에게 환난으로 갚으시고 환난을 받는 자들에게는 안식으로 갚으신다고 말합니다. 또한 마지막 날에 하나님을 모르는 자들과 그리스도의 복음에 복종하지 않는 자들에게는 형벌을 내리시고 성도들에게는 영광을 허락하신다고 말합니다. 그런 의미에서 하나님의 공의는 성도에게 소망입니다. 악한 자들은 반드시 심판을 받기에 우리는 이 땅에서 잠시 받는 고난을 견딜 수 있습니다. 또한 믿음은 반드시 영광을 얻기에 우리는 이 땅에서 끝까지 충성할 수 있습니다.

다니엘 5장은 바벨론의 멸망을 보여 줍니다. 느부갓네살의 아들 벨사살이 왕이 되었습니다. 그는 큰 잔치를 열고 예루살렘 성전에서 가지고 온 그릇들로 먹고 마십니다. 그때 사람의 손가락들이 나타나서 벽에 이상한 글자를 씁니다. 아무도 해석하지 못할 때 다니엘이 부름을 받고 나타납니다. 다니엘은 기록된 글자를 해석하는데, 왕을 저울에 달아 보니 부족함이 보여서 왕의 시대를 끝내고 이 나라를 메대와 바사 사람에게 준다는 뜻이었습니다. 다니엘은 벨사살이 들에서 짐승같이 돌아다니던 선친의 모습을 보고도 스스로 하늘의 주재보다 높다 여기고 온갖 우상들을 찬양했기 때문에 하나님의 심판을 받는 것이라고 알려 줍니다. "벨사살이여 왕은 그의 아들이 되어서 이것을 다 알고도 아직도 마음을 낮추지 아니하고"(22절). 교만한 자는 반드시 징계를 받습니다. 악한 자는 반드시 심판을 받습니다. 하나님은 공의로우시기 때문입니다.

시편 110편과 **시편 111편**은 공의로우신 하나님을 찬양합니다. 하나님은 권능으로 원수를 다스리십니다. 주의 권능의 날에는 원수들이 심판을 받게 될 것입니다. 주께서 진노하시는 날에는 왕들이 무너질 것이고 나라들이 심판을 받게 될 것입니다. 반면에 은혜로우시고 자비로우신 하나님은 당신을 경외하는 자들에게는 양식을 주십니다. 하나님의 손이 하는 일은 항상 진실과 정의이며 그의 법도는 다 확실합니다(7절). 하나님은 참으로 공의로우십니다.

10월 October 21

열왕기하2장 • 데살로니가후서2장 • 다니엘6장 • 시편112-113편

열왕기하 2장은 엘리야의 승천과 엘리사의 등장을 말합니다. 엘리야가 떠날 때가 되었습니다. 엘리야의 계승자는 엘리사였습니다. 엘리사는 엘리야를 끝까지 따라다녔고, 그 결과 엘리야의 권능까지 계승할 수 있었습니다. 엘리사가 권능으로 일으킨 첫 번째 기적은 물을 살리는 일이었습니다. 두 번째 기적은 하나님의 선지자를 조롱하는 자들을 죽이는 일이었습니다. 본문은 두 가지 교훈을 줍니다. 첫째, 당시 엉망진창이었던 왕의 계승과는 달리 선지자의 계승은 권능과 열정이 동반된다는 것이었습니다. 하나님의 직접적인 개입과 당사자들의 열정 속에서 선지자 직이 계승된 것입니다. 하나님의 역사가 왕이 아니라 선지자를 중심으로 흘러가고 있음을 말합니다. 둘째, 하나님의 말씀이 누군가에는 생명이 되지만 누군가에는 저주가 된다는 것입니다. 엘리사는 물이 좋지 못해서 열매를 맺지 못하는 성읍을 위해 물을 살려 내어 열매를 맺게 하였습니다. 엘리사 덕분에 풍요와 생명이 찾아왔습니다. 반면에 선지자를 조롱하는 아이들에게는 곰을 보내서 죽음을 맛보게 합니다. 엘리사로 말미암아 죽음이 임했습니다. 엘리사는 하나님의 말씀을 상징하는 인물입니다. 즉 말씀으로 말미암아 누군가는 생명을 얻기도 하지만, 누군가는 잃기도 합니다. 말씀을 대하는 태도가 그것을 가늠합니다.

데살로니가후서 2장은 마지막 날을 살아가는 성도에게 주는 권면입니다. 바울은 주의 날이 이르렀다고 선동하는 말에 쉽게 마음이 흔들리거나 두려워하지 말라고 말합니다(2절). 우리는 정신을 바짝 차리고 항상 깨어 있어야 합니다. 미혹하는 자들이 있기 때문입니다. 어떤 이는 스스로를 하

나님이라고 칭할 것이고, 어떤 이는 거짓 기적으로 현혹할 것입니다. 그러므로 우리는 새로운 교훈이나 현상에 미혹당하지 말고, 사도들의 편지로 가르침을 받은 전통을 지켜야 합니다(15절). 마지막 날을 향해 갈수록 진리 위에 굳건하게 서야 합니다. 주께서 우리를 위로해 주실 것입니다.

다니엘 6장은 사자 굴속에서 다니엘을 구원하시는 하나님의 이야기입니다. 메대 왕 다리오에게 바벨론이 망합니다. 바벨론에서 형통하였던 다니엘은 메대에서도 형통합니다. 무려 세 명의 총리 중에 한 명이 됩니다. 그를 질투하는 자들이 꾀를 냅니다. 다니엘이 매일 세 번씩 예루살렘을 향해 기도하는 것을 보고 삼십 일 동안 왕 외의 그 누구에게도 절하지 못하도록 하는 금령을 만든 것입니다. 다리오왕은 다니엘이 고발당한 후에 이 금령의 의미를 깨달았지만, 때는 이미 늦었습니다. 다니엘은 금령과 법도에 따라 사자 굴에 던져집니다. 그러나 다니엘은 하루가 지나도 멀쩡했고, 그를 고발한 사람들이 오히려 사자 굴에 던져집니다. 이 사건의 의미입니다. "이 다니엘이 다리오왕의 시대와 바사 사람 고레스왕의 시대에 형통하였더라"(28절). 다니엘은 느부갓네살왕이 다스리던 바벨론에서도, 다리오왕이 다스리던 메대에서도, 고레스왕이 다스리던 바사에서도 늘 형통하였습니다. 하나님께서 그와 함께하셨기 때문입니다.

시편 112편과 **시편 113편**은 모든 것의 궁극적인 근원이 되시는 하나님을 찬양합니다. 강성함과 복과 부와 재물은 모두 하나님으로부터 옵니다. 하나님은 자비로우시고 긍휼이 많으시며 의로우십니다(112:4). 하나님은 가난한 자를 먼지 더미에서 일으키시고 궁핍한 자를 거름 더미에서 세우셔서 백성의 지도자들과 함께 세우십니다(113:7–8). 하나님께서 모든 것의 궁극적인 근원이십니다. 그러므로 우리는 필요한 것이 있을 때마다 하나님을 찾아야 합니다. 도움이 필요할 때마다 하나님께 간구해야 합니다. 온갖 좋은 것들은 하나님으로부터 오기 때문입니다.

10월 October 22

열왕기하3장 • 데살로니가후서3장 • 다니엘7장 • 시편114-115편

열왕기하 3장은 신실한 왕 여호사밧으로 말미암아 승리를 주시는 하나님에 관한 이야기입니다. 아합과 아하시야가 죽고 여호람이 뒤를 이어 이스라엘의 왕이 됩니다. 아합왕 시절 이스라엘에게 조공을 바치던 모압이 배신합니다. 여호람이 유다의 왕 여호사밧에게 함께 모압을 치자고 제안합니다. 에돔 왕까지 합세한 세 나라의 연합군이 모압을 치러 나갑니다. 광야에서 물을 얻지 못하자 여호사밧이 하나님의 선지자에게 묻자고 하는데, 이때 엘리사가 부름을 받습니다. 엘리사는 전쟁에서 승리할 수 있는 방법을 알려 주고 하나님께서 이 전쟁을 승리케 하실 것이라고 예언합니다. 14절을 주목하십시오. "엘리사가 이르되 내가 섬기는 만군의 여호와께서 살아 계심을 두고 맹세하노니 내가 만일 유다의 왕 여호사밧의 얼굴을 봄이 아니면 그 앞에서 당신을 향하지도 아니하고 보지도 아니하였으리이다." 엘리사는 부름에 응한 이유가 여호사밧왕 때문임을 명확히 합니다. 이 말은 여호사밧의 신실함 때문에 하나님께서 세 나라의 연합군에게 승리를 주셨음을 의미합니다. 이것은 열왕기 전체의 주제이기도 합니다. 하나님은 신실한 왕에게 속한 모든 것을 축복하십니다. 반면에 불경건한 왕에게 속한 모든 것을 저주하십니다. 왕의 신실함은 그렇게 중요합니다. 열왕기에서 볼 수 있듯이 이 땅의 왕은 항상 무엇인가 부족합니다. 심지어 다윗조차 흠이 있었습니다. 그러나 예수 그리스도는 완전하신 왕입니다. 참으로 신실하십니다. 그러므로 그리스도 안에 속한 자들은 하나님의 영원한 복을 얻습니다. 예수 그리스도는 우리의 복음입니다.

데살로니가후서 3장은 복음 안에 굳건히 설 것을 명하고 있습니다. 바울은 데살로니가 교인들이 믿음 안에 굳건히 서 있기를 기도합니다. "주께서

너희 마음을 인도하여 하나님의 사랑과 그리스도의 인내에 들어가게 하시기를 원하노라"(5절). 미혹시키는 새로운 교리를 떠나고 자신이 가르친 진리의 전통 안에 거하라고 명합니다. 종말을 빙자하여 무질서하게 살거나 게으르게 사는 것은 바울의 본을 따르는 삶이 아닙니다. 힘써 일하고 힘써 선을 행해야 합니다.

다니엘 7장에는 다니엘의 환상이 나옵니다. 네 짐승의 환상입니다. 묵시 문학에서 4라는 숫자는 총체성을 뜻합니다. 즉 하늘의 네 바람이 분다는 것은 이 환상이 모든 나라에 영향을 미친다는 뜻입니다. 네 짐승의 첫째는 사자와 같은데 독수리의 날개가 있습니다. 둘째는 곰과 같습니다. 셋째는 표범과 같습니다. 넷째는 열 개의 뿔이 있고 모든 짐승 중에 가장 강합니다. 다니엘이 본 환상은 또 있습니다. 옛적부터 항상 계신 이와 인자 같은 이입니다. 옛적부터 항상 계신 이가 인자 같은 이에게 소멸되지 않는 영원한 권세와 영광과 나라를 줍니다. 다행히 이 신비한 환상을 천사 중 하나가 해석해 줍니다. 네 짐승은 세상에 일어날 네 왕입니다(17절). 이 네 왕에 대한 해석은 분분합니다. 중요한 것은 이 땅의 나라들은 결국 망할 것이고 인자 같은 이가 다스리는 영원한 나라가 임할 것이라는 말씀입니다(26-27절). 눈앞에 보이는 나라와 권력이 아니라 말씀 속에 거하는 그리스도의 나라를 소망합시다. 그 나라만이 이 땅 위에 영원히 설 것입니다.

시편 114편과 **시편 115편**은 세상 나라를 멸하시는 하나님을 노래합니다. 하나님은 당대의 제국 애굽에서 이스라엘을 구원하셔서 당신의 성소로 삼으셨습니다. 바다를 도망하게 하시고 요단을 물러가게 하셨습니다. 때때로 세상 나라들이 하나님을 무시하며 그분의 나라가 어디에 있냐고 조롱합니다. 그러나 하나님은 하늘에 계셔서 원하시는 모든 것을 행하십니다(115:3). 그러므로 우리는 눈에 보이는 우상이 아니라 하늘에서 권능을 행하시는 하나님을 의지합시다. 하나님은 우리의 도움이시요 방패십니다.

10월 October 23

열왕기하4장 · 디모데전서1장 · 다니엘8장 · 시편116편

열왕기하 4장에는 엘리사가 일으키는 기적들이 나옵니다. 선지자의 제자들의 아내 중 하나가 엘리사에게 찾아와 빚 때문에 두 아이를 빼앗기게 되었다고 하소연합니다. 엘리사는 그릇에 기름이 가득 차는 기적을 베풀어 그녀를 구해 줍니다. 임신하지 못하는 수넴 여인에게는 아들을 주었는데, 훗날 그 아들이 죽었을 때 그를 다시 살려 줍니다. 독을 먹은 제자들을 구해 주기도 하고 보리떡 이십 개와 채소 한 자루로 백 명을 먹이기도 합니다. 비록 악한 왕들 탓에 나라 전체가 고통을 당하고 있었지만, 하나님의 은혜는 사라지지 않았습니다. 하나님은 당신의 백성들을 긍휼히 여기시고 돌보십니다. 빚을 갚아 주시고 생명을 주시며 먹을 것을 주십니다. 하나님 안에는 참된 풍요와 생명이 가득해서 그분께 속한 자들은 항상 기쁨을 누립니다. 진노 중에도 긍휼을 잊지 않으시고 어둠 중에도 빛을 주시는 하나님을 찬양합시다.

디모데전서 1장은 디모데에게 올바른 교훈을 가르칠 것을 명하는 바울의 편지입니다. 바울은 디모데에게 부탁합니다. 에베소에서 어떤 사람들이 다른 교훈을 가르치고 신화와 끝없는 족보에 몰두했는데, 디모데가 그들이 가르치지 못하게 명령하고 몰두하지 못하게 명령하라는 것입니다. 그 이유는 청결한 마음과 선한 양심과 거짓이 없는 믿음에서 나오는 사랑을 불러일으키기 위해서입니다(5절). 당시 교회는 두 가지 위협에 시달렸습니다. 첫째는 율법주의입니다. 그리스도의 복음으로는 충분하지 않으니 율법을 일부라도 지켜야 한다는 것입니다. 둘째는 방종주의입니다. 구원은 보장받았으니 이제는 하고 싶은 대로 하고 살아도 된다는 것입니다.

바울은 참된 교훈이 이 두 가지를 모두 극복한다고 말합니다. 우리는 오직 그리스도의 은혜로 구원을 얻습니다. 동시에 우리는 청결한 마음과 선한 양심과 거짓이 없는 믿음에서 나오는 사랑으로 행합니다. 우리는 이 믿음 안에 굳건히 서서 선한 싸움을 계속해야 합니다.

다니엘 8장은 숫양과 숫염소의 환상입니다. 두 뿔을 가진 숫양이 모든 짐승을 이깁니다. 이때 두 눈 사이에 뿔이 난 숫염소가 나타납니다(5절). 그가 숫양과 싸워서 이깁니다. 큰 뿔 하나는 사라지고 그 자리에서 뿔 네 개가 나옵니다. 가브리엘이 이 환상을 해석해 줍니다(16절). 두 뿔을 가진 숫양은 메대와 바사입니다. 뿔을 가진 숫염소는 헬라 왕입니다. 하나의 뿔은 강한 왕을 뜻하고 그 뿔이 사라진 자리에 나온 네 개의 뿔은 첫 번째 뿔에서 갈라져 나오는 네 나라를 뜻합니다. 일반적인 해석은 이렇습니다. 헬라 왕은 알렉산더 대왕을 뜻합니다. 네 개의 뿔은 알렉산더 대왕이 죽은 후에 갈라진 네 나라를 의미합니다. 네 나라 마지막 때에 거룩한 백성을 핍박하는 왕은 예루살렘을 점령한 안티오코스 4세를 말합니다. 이 환상은 역사가 하나님의 주관 속에서 전개됨을 가르칩니다. 우연히 일어나는 나라는 없습니다. 우연히 발생하는 사건도 없습니다. 모든 것이 하나님의 손에서 나옵니다. 그러므로 우리가 진정으로 주목해야 하는 것은 세상의 흐름이 아니라 하나님의 말씀입니다.

시편 116편은 은혜를 주시는 하나님께 감사하는 찬양입니다. 하나님은 들어주십니다. 우리가 기도할 때 우리의 음성과 간구를 들으십니다. 우리가 어려울 때 구원하십니다. "여호와는 은혜로우시며 의로우시며 우리 하나님은 긍휼이 많으시도다"(5절). 하나님의 크신 은혜를 맛본 사람은 그 은혜에 보답하기 위해 고민합니다. 모든 노래로 감사를 드립니다 모든 제사로 감사를 드립니다. 모든 것을 들어 주께 나아갑니다.

10월 October 24

열왕기하5장 • 디모데전서2장 • 다니엘9장 • 시편117–118편

열왕기하 5장은 하나님의 은혜가 이방인에게도 미침을 보여 줍니다. 나아만은 아람의 장군입니다. 본문은 하나님께서 그를 도우셨다고 표현합니다. 그러나 안타깝게도 그는 나병환자였습니다. 그는 이스라엘 땅에서 잡아 온 여종에게 사마리아에 있는 선지자가 그 병을 고칠 수 있을 것이라는 말을 듣고 이스라엘을 찾아갑니다. 요단강에서 몸을 일곱 번 씻으라는 엘리사의 말에 나아만은 그대로 따랐고, 그러자 곧 병이 나았습니다. 반면에 나아만의 선물을 탐낸 엘리사의 사환 게하시는 나병을 얻게 됩니다. 본문은 이스라엘이 특별해서 하나님의 은혜를 얻게 된 것이 아님을 가르칩니다. 이방인 나아만은 하나님의 은혜를 입어서 나병이 낫습니다. 그런데 이스라엘 사람 게하시는 탐욕을 부리다가 나병을 얻습니다. 하나님의 은혜가 사람을 특별하게 만드는 것이지, 사람이 특별하기 때문에 하나님의 은혜를 얻게 되는 것이 아닙니다. 하나님의 은혜가 임하면 이방인도 구원을 얻습니다. 하나님의 은혜 앞에서 우리는 늘 겸손해야 합니다.

디모데전서 2장은 질서를 사모하고 단정한 삶을 살라는 바울의 교훈입니다. 성도는 나라와 위정자를 위해 기도해야 합니다. 경건과 단정함으로 고요하고 평안한 생활을 하기 위해서입니다(2절). 교회에서도 마찬가지입니다. 우리는 성경이 가르치는 질서대로 신앙생활을 해야 합니다. 성도의 정체성과 역할은 하나님께서 주시는 것입니다. 자기 소견에 옳은 대로 결정해서는 안 됩니다. 단정하고 질서가 있는 삶은 개인의 경건에도 중요하지만 선교 활동에도 중요합니다. "이것이 우리 구주 하나님 앞에 선하고 받으실 만한 것이니 하나님은 모든 사람이 구원을 받으며 진리를 아는 데

에 이르기를 원하시느니라"(3-4절). 스스로를 대단하다고 평가하는 사람은 질서를 중요하게 생각하지 않습니다. 반면에 하나님의 은혜 앞에서 사는 사람은 하나님의 질서를 중요하게 생각합니다. 하나님의 질서 안에서 경건과 전도가 성취된다는 사실을 믿습니다.

다니엘 9장에는 다니엘의 기도와 예언이 나옵니다. 다니엘은 포로 된 세월을 생각하며 하나님께 회개 기도를 드립니다. 기도의 구조는 간단합니다. 조상들의 죄를 나열하고 회개합니다. 하나님의 심판이 율법에 따른 합당한 조치임을 인정합니다. 그럼에도 불구하고 하나님의 이름에 기대어 하나님의 긍휼을 요청합니다. "주여 들으소서 주여 용서하소서 주여 귀를 기울이시고 행하소서 지체하지 마옵소서 나의 하나님이여 주 자신을 위하여 하시옵소서 이는 주의 성과 주의 백성이 주의 이름으로 일컫는 바 됨이니이다"(19절). 기도하는 중에 일흔 이레의 예언을 받습니다. 이것은 일종의 기도 응답입니다. 하나님께서 정하신 일흔 이레가 지나면 예루살렘이 회복될 것입니다. 역사는 하나님께서 정하신 대로 흘러갑니다. 그런데 하나님은 그 정하신 것을 사람의 기도라는 수단을 통해 이루어 가십니다. 그렇기에 하나님의 주권을 정말로 믿는 사람은 기도합니다. 기도는 하나님의 역사가 이루어지도록 하나님께서 사용하시는 수단이기 때문입니다.

시편 117편과 **시편 118편**은 사람이 아니라 하나님께 의지하는 기도입니다. 하나님은 인자하십니다. 하나님은 응답하십니다. 하나님은 당신을 경외하는 자들의 편이 되십니다. 하나님은 사람과 같지 아니하십니다. 그러므로 우리는 사람이 아니라 하나님을 의지해야 합니다. 사람은 언제든지 배신하고 돌아서지만, 하나님은 항상 우리 편에 서 주시기 때문입니다. 때로 징계가 있을 수 있으나 그것조차도 우리를 의의 문으로 인도하시는 하나님의 은혜와 사랑입니다. 주는 선하시고 인자하십니다.

10월 October 25

열왕기하6장 • 디모데전서3장 • 다니엘10장 • 시편119:1–24

열왕기하 6장에는 아람과의 전쟁이 나옵니다. 아람 왕은 이스라엘을 치려고 할 때마다 실패합니다. 엘리사 때문임을 알게 된 그는 엘리사가 살고 있는 도단성을 포위합니다. 두려워하는 사환에게 엘리사는 눈을 열어서 불 말과 불 병거가 자기를 지키고 있음을 확인시켜 줍니다. 엘리사로 말미암아 눈이 멀게 된 아람 군은 그의 인도를 따라 사마리아로 따라 들어갔다가 포위를 당하지만, 엘리사는 그들을 놓아 줍니다. 아람 왕은 전략을 바꾸어 사마리아를 포위합니다. 아람 군대의 포위로 사마리아성에는 먹을 것이 떨어져 큰 고통을 당합니다. 여호람은 이것이 하나님 때문이라고 원망합니다. 믿음은 보는 것을 다르게 합니다. 믿음이 있는 사람은 보이지 않는 것까지 봅니다. 하나님의 은혜가 곳곳에 스며들어 있음을 봅니다. 그래서 감사가 넘칩니다. 반면에 믿음이 없는 사람은 명백히 보이는 것도 보지 못합니다. 하나님의 능력과 사랑이 주변에 가득함에도 불구하고 그것을 보지 못합니다. 그래서 원망이 가득합니다. 눈을 들어 우리와 늘 함께 하시는 하나님을 바라봅시다.

디모데전서 3장은 직분자의 자격을 가르칩니다. 먼저, 감독의 자격입니다. 책망할 것이 없고 한 아내의 남편이며 절제하고 신중하며 단정하고 나그네를 대접하며 가르치기를 잘하고 술을 즐기지 아니하며 구타하지 아니하고 오직 관용하며 다투지 아니하고 돈을 사랑하지 아니하며 자기 집을 잘 다스려 자녀들로 하여금 모든 공손함으로 복종하게 하는 자여야 합니다(2–4절). 다음으로 집사의 자격입니다. 정중하고 일구이언을 하지 아니하며 술에 인 박이지 아니하고 더러운 이를 탐하지 아니하며 깨끗한 양심에 믿음의 비밀을 가진 자여야 합니다(8–9절). 직분자의 자격을 통해 우리는 교회에서 질서가 얼마나 중요한지를 발견합니다. 교회의 질서는 가시적으로 드러나야 합니다. 그러기 위해 직분을 맡을 자들을 시험한 후에 책망할 것이 없을 때 맡게 해야 합니다. 교회의 질서는 하나님을 드러내기 때문입니다.

다니엘 10장에는 다니엘이 본 환상 이야기가 또 나옵니다. 큰 전쟁에 관한 환상을 본 다니엘은 세 이레 동안 슬퍼하며 기도합니다. 그리고 힛데겔 강가에서 환상 하나를 또 보게 됩니다. 천사 한 명이 와서 역사의 뒤편에 있는 영적 전쟁을 알려 주는데, 바사 군주와의 싸움과 헬라 군주와의 싸움을 언급합니다(20절). 보이는 것이 전부가 아닙니다. 눈에 보이는 권력이 전부가 아니고, 눈에 보이는 현상이 전부가 아닙니다. 하나님은 보이지 않는 세상에서 보이는 세상을 통치하고 계십니다. 믿음은 보이지 않지만 분명히 존재하시는 하나님을 바라보는 것입니다. 그러므로 믿음이 있는 사람은 세상을 두려워하지 않습니다.

시편 119편 1–24절은 율법을 따라 행하는 자들에게 복이 있다고 말합니다. 보이지 않는 하나님은 보이는 말씀을 통해 당신의 백성들을 통치하십니다. 따라서 하나님의 백성들은 그분의 말씀에 순종합니다. 그 말씀은 하나님을 보여 주기 때문입니다. 반면에 교만한 자들은 주의 말씀을 떠납니다. 그들은 보이는 것에만 연연하기 때문에 보이지 않는 하나님을 우습게 여깁니다. 그래서 주의 말씀에 전혀 관심이 없습니다. "교만하여 저주를 받으며 주의 계명들에서 떠나는 자들을 주께서 꾸짖으셨나이다"(21절). 그러나 하나님을 믿는 자들은 이 세상의 온갖 비방에 흔들리지 않고 주의 교훈을 힘써 지킵니다.

10월 October 26

열왕기하7장 • 디모데전서4장 • 다니엘11장 • 시편119:25-48

열왕기하 7장은 당신의 말씀을 성취하시는 하나님을 보여 줍니다. 하나님과 엘리사를 원망하는 여호람 앞에서 엘리사는 내일 이맘때에 밀가루와 보리가 매매될 것이라고 말합니다. 한 장관이 이 말을 믿지 않자 엘리사는 그가 보기는 할 것이나 먹지는 못할 것이라고 말합니다. 그때 놀라운 일이 벌어집니다. 하나님께서 아람 군대가 병거 소리와 말 소리와 군대 소리를 듣게 하셔서 그들이 모든 것을 버리고 도망치게 하신 것입니다. 항복하려고 찾아왔던 네 명의 나병환자가 이 사실을 보고 사마리아에 알립니다. 하나님의 말씀처럼 밀가루 한 스아와 보리 두 스아가 한 세겔로 거래되고, 믿지 않았던 장관은 백성들에게 밟혀 죽습니다. 하나님은 항상 당신의 말씀에 신실하십니다. 항상 당신의 일을 꼭 행하십니다. 그리고 그것을 알리십니다. 그러므로 사람의 마땅한 반응은 믿음입니다. 하나님께서 아름다운 소식을 알리실 때 우리 모두 믿음으로 화답할 수 있기를 바랍니다.

디모데전서 4장은 바울이 디모데에게 열심히 연단하라고 권하는 내용입니다. 후일에 믿음에서 떠나는 사람들이 생겨날 것이라고 말합니다. 자기 양심이 화인을 맞아서 외식함으로 거짓말하는 사람들도 있을 것이라고 말합니다. 그러므로 주의 일꾼은 믿음의 말씀과 좋은 교훈으로 경건에 이르도록 열심히 연단해야 합니다. 그리고 가르쳐야 합니다. "네가 네 자신과 가르침을 살펴 이 일을 계속하라 이것을 행함으로 네 자신과 네게 듣는 자를 구원하리라"(16절). 하나님께서 당신의 말씀에 대해 성실하게 일하신다는 소식, 곧 복음을 믿읍시다. 그리고 이 아름다운 소식을 영적인 굶주림 속에서 살고 있는 사람들에게 전합시다. 이것이 우리가 부르심을 받은 목적입니다.

다니엘 11장은 이스라엘을 둘러싸고 있는 강대국들의 정세를 예언합니다. 바사에서 일어날 네 왕과 헬라의 능력 있는 왕, 그 후에 갈라질 네 나라에 관해 말합니다. 또한 갈라진 네 나라 중 남방의 왕과 북방의 왕 사이에 벌어질 전쟁을 말합니다. 마지막으로 북방의 왕 중에 비천한 사람이라 표현된 왕을 말하는데, 그는 자기 마음대로 행하고 스스로 높여 모든 신보다 크다 하며 비상한 말로 신들의 신을 대적할 것입니다. 학자들은 그를 예루살렘을 참담하게 유린한 안티오코스 4세라고 추정합니다. 하나님은 모든 것을 아십니다. 또한 하나님은 모든 것을 주관하십니다. 본문은 하나님의 전지전능하심을 가르칩니다. 역사에 이름을 남길 정도로 강력한 권세를 떨친 왕들은 사실 하나님의 손에 붙잡힌 도구일 뿐입니다. 그러므로 믿는 자들은 세상의 위정자를 두려워하지 않아도 됩니다. 우리가 진정으로 두려워할 분은 하나님밖에 없습니다. 하나님은 당신의 말씀에 성실하시고 그것을 꼭 이루시기 때문입니다.

시편 119편 25-48절에는 주의 말씀을 사모하는 마음이 나옵니다. 시인은 주의 말씀을 참으로 사모합니다. 그래서 주의 말씀을 배우고 싶어 합니다. 주의 말씀대로 세워지기를 원합니다. 주의 말씀대로 살아가기를 소망합니다. “내 영혼이 진토에 붙었사오니 주의 말씀대로 나를 살아나게 하소서”(25절). 하나님의 성실하심을 아는 자들은 주의 말씀을 사모합니다. 하나님께서 당신의 말씀대로 행하심을 아는 자들은 주의 계명을 즐거워합니다. 하나님의 전지전능하심을 믿는 자들은 왕들 앞에서도 주의 말씀을 말합니다. “내가 사랑하는 주의 계명들을 스스로 즐거워하며 또 내가 사랑하는 주의 계명들을 향하여 내 손을 들고 주의 율례들을 작은 소리로 읊조리리이다”(47-48절).

10월 October 27

열왕기하8장 • 디모데전서5장 • 다니엘12장 • 시편119:49-72

열왕기하 8장은 아합의 영향을 받은 유다 왕국 이야기입니다. 본문에는 몇 가지 이야기가 섞여 있습니다. 첫째는 수넴 여인이 엘리사에게 또 한 번 도움을 받는 이야기입니다. 둘째는 아람 왕궁의 왕위 찬탈 이야기입니다. 엘리사는 하사엘이 왕이 될 것인데 그가 이스라엘을 학살할 것이라며 슬퍼합니다. 셋째는 아합 가문과 결혼한 유다 왕들의 타락 이야기입니다. 아합의 딸과 결혼한 여호람은 여호와 보시기에 악을 행합니다. 아합의 딸을 어머니로 둔 아하시야도 아합의 집과 같이 여호와 보시기에 악을 행합니다. 악을 허용한 결과가 얼마나 커다란지는 앞으로의 역사가 계속해서 가르칠 것입니다. 본문에는 이스라엘을 둘러싼 두 가지 이야기, 곧 하나님께서 도우시는 이야기와 하나님께서 심판을 준비하시는 이야기가 나옵니다. 하나님은 수넴 여인에게 하신 것같이 이스라엘을 도우실 수 있습니다. 동시에 하나님은 이스라엘 밖에서 심판을 준비하시기도 합니다. 그러므로 이스라엘은 정신을 차리고 악과 결별하며 우상을 떠나야 합니다. 악을 포용하는 것은 사랑을 실천하는 것이 아니라 함께 우상을 사랑하는 것이기 때문입니다.

디모데전서 5장은 질서와 사랑이 균형 잡힌 교회의 모습을 가르칩니다. 바울은 디모데에게 교회 안에 있는 다양한 성도들을 어떻게 목양할지를 말합니다. 노인에게는 아버지와 같이 권해야 합니다. 청년에게는 형제에게 하듯 대해야 합니다. 늙은 여자에게는 어머니께 하듯이, 젊은 여자에게는 자매에게 하듯이 대해야 합니다. 과부는 존대해야 합니다. 특히 나이가 육십이 넘고 한 남편의 아내였으며 선한 행실의 증거가 있는 참 과부를 명단에 올려 존대해야 합니다. 잘 다스리는 장로들은 배나 존경해야 합니다. 말씀과 가르침에 수고하는 이들에게는 더욱 그러해야 합니다. 범죄한 자들은 모든 사람 앞에서 꾸짖어서 나머지 사람들로 두려워하게 해야 합니다. 교회는 질서 있는 사랑을 추구해야 합니다. 또한 사랑이 있는 질서를 추구해야 합니다. 질서가 없는 사랑이나 사랑이 없는 질서는 악합니다.

다니엘 12장은 마지막 예언과 환상입니다. 마지막 날에는 큰 환난이 있을 것입니다. 그때에는 구원받는 자도 있을 것이고 수치를 당하는 자도 있을 것입니다. 이 예언 후에 두 사람이 나타납니다. 두 사람은 서로 대화를 하며 이 일이 언제 일어날지를 말합니다. 두 때 반, 그리고 천삼백삼십오 일이라는 시간이 나오지만 그것을 정확히 계산할 필요는 없습니다. 마지막 날이 반드시 올 것이고 그때에는 큰 환난이 있을 것이라는 정도만 알면 됩니다. 중요한 것은 그 다음 교훈입니다. "기다려서 천삼백삼십오 일까지 이르는 그 사람은 복이 있으리라"(12절). 마지막 때에는 믿음을 위협하는 일들이 있을 것입니다. 미혹도 있을 것입니다. 예언과 환상은 그 사실을 미리 알려 주어서 우리가 믿음을 끝까지 지킬 수 있도록 돕습니다. 하나님께서 주관하시고 심판하시고 구원하십니다. 그러므로 우리는 끝까지 믿음을 지켜서 하나님께 영광을 돌립시다.

시편 119편 49-72절에는 고난 중에도 말씀을 의지하는 시인의 모습이 나옵니다. "이 말씀은 나의 고난 중의 위로라 주의 말씀이 나를 살리셨기 때문이니이다"(50절). 세상 속의 성도는 항상 믿음의 위협을 받습니다. 조롱과 미혹이 수시로 찾아옵니다. 그래서 때로는 믿음이 땅에 떨어지기도 합니다. 그때 주의 말씀은 침체에 빠진 성도를 살립니다. 주의 말씀으로 말미암아 영혼이 소생된 성도는 어떤 상황에서도 말씀을 지킵니다. "악인들의 줄이 내게 두루 얽혔을지라도 나는 주의 법을 잊지 아니하였나이다"(61절). 심지어 시인은 고난이 자기에게 유익했다고 고백합니다. 고난으로 말미암아 주의 말씀을 배우고 지킬 수 있었기 때문입니다. 상황 때문에 말씀을 떠나지 맙시다. 오히려 상황 때문에 말씀을 더욱 가까이합시다. 말씀을 가까이하는 자에게는 은혜가 있습니다. "주의 입의 법이 내게는 천천 금은보다 좋으니이다"(72절).

10월 October 28

열왕기하9장 • 디모데전서6장 • 호세아1장 • 시편119:73-96

열왕기하 9장은 아합 가문의 완전한 멸망을 보여 줍니다. 이 일을 위해 예후가 선택됩니다. 엘리사는 선지자의 제자 중 하나를 시켜서 예후에게 기름을 부어 왕으로 삼습니다. 예후는 군대를 이끌고 이스르엘에 머물고 있는 요람왕을 찾아갑니다. 그곳에는 아합의 사위요 유다의 왕인 아하시야도 있었습니다. 예후는 요람왕을 활로 쏘아 죽입니다. 함께 있던 아하시야왕은 이때 입은 부상 때문에 죽습니다. 예후는 아합의 아내인 이세벨까지 죽입니다. 그야말로 아합과 관련된 모든 이들이 죽임을 당한 것입니다. 악인은 잠시 위세를 떨칠 수 있으나 그 악에 대한 심판을 꼭 받습니다. 하나님은 악을 허용하시지 않기 때문입니다. 하나님을 우습게 여기고 우상을 섬겼던 한 가문이 완전한 멸망을 당했습니다. 이 역사는 우리에게도 교훈을 줍니다. 우상은 쉽게 만족을 주고 빠르게 성공을 주는 것 같지만 결국에는 멸망을 불러옵니다. 우상에게는 아무런 힘도 없기 때문입니다. 하나님 안에 지혜와 능력과 풍요가 있습니다. 눈에 보이는 우상이 아니라 눈에 보이지 않는 하나님을 전심으로 섬겨야 합니다. 그럴 때 진정한 행복을 누릴 수 있습니다.

디모데전서 6장은 믿음의 선한 싸움을 싸우라고 격려합니다. 바울은 교회 안에 존재하는 거짓 교훈과 거짓 신자에 대해 경고합니다. 예수 그리스도의 말씀과 경건에 관한 교훈을 따르지 않는 자가 있습니다. 아무것도 알지 못하면서 교만하여 변론과 언쟁을 즐기는 자입니다. 경건을 이익의 방도로 생각하는 자들은 다툼을 일으킵니다. 돈을 사랑하고 탐심을 장려하는 자들도 있습니다. 그들은 그 욕심 탓에 미혹에 빠집니다. 믿음에서 떠날 수도 있습니다. 우리는 바울의 경고를 귀담아 들어야 합니다. “오직 너

하나님의 사람아 이것들을 피하고 의와 경건과 믿음과 사랑과 인내와 온유를 따르며 믿음의 선한 싸움을 싸우라 영생을 취하라 이를 위하여 네가 부르심을 받았고 많은 증인 앞에서 선한 증언을 하였도다"(11–12절). 믿음의 선한 싸움을 싸워야 합니다. 지금 이 시대에도 수많은 우상들이 모습을 교묘히 바꿔서 성도들을 미혹하고 있기 때문입니다.

호세아 1장은 음란한 여자와 결혼하는 호세아 이야기입니다. 하나님은 선지자인 호세아에게 음란한 여자를 맞이하여 음란한 자식들을 낳으라고 말씀하십니다. 그 이유는 다음과 같습니다. "이 나라가 여호와를 떠나 크게 음란함이니라"(2절). 영적인 음란함에 빠져 있는 이스라엘에게 하나님의 심정을 가르치기 위해 호세아 선지자를 사용하신 것입니다. 구약의 선지자들은 종종 말뿐만이 아니라 행동으로 하나님의 말씀을 보여 주기도 합니다. 호세아는 고멜과 결혼하여 세 명의 아이를 낳습니다. 첫째는 이스르엘입니다. 이스라엘 족속의 나라가 폐해질 것을 뜻합니다. 둘째는 로루하마입니다. 이스라엘 족속을 용서하시지 않겠다는 뜻입니다. 셋째는 로암미입니다. 이스라엘의 하나님이 되시지 않겠다는 의미입니다. 세 아이의 이름은 이스라엘을 향한 하나님의 심판을 상징합니다. 그러나 심판 뒤에는 구원이 있을 것입니다. 나쁜 소식 뒤에는 좋은 소식이 있습니다. 하나님은 항상 복음을 마련해 두고 계십니다.

시편 119편 73–96절에는 주의 말씀을 사랑하는 주를 경외하는 자들이 나옵니다. 교만한 자들은 주의 법을 따르지 않습니다. 그들은 주의 법을 따르는 자들을 해하고 싶어 합니다. "주의 법을 따르지 아니하는 교만한 자들이 나를 해하려고 웅덩이를 팠나이다"(85절). 그들은 성도를 핍박하고 조롱합니다. 그렇기에 세상 속의 신실한 성도는 피곤함을 느낍니다. 그럼에도 신실한 성도는 주의 계명을 지키는 일을 멈추지 않습니다. 언제 어디서나 주의 말씀을 붙듭니다. 그 말씀이 즐겁기 때문입니다.

10월 October 29

열왕기하10장 • 디모데후서1장 • 호세아2장 • 시편119:97-120

열왕기하 10장에서는 아합 가문의 완전한 패망이 이어집니다. 아합의 아들 요람과 그의 사위 아하시야, 그리고 아합의 아내 이세벨을 죽인 예후는 아합에게 속한 모든 자들을 죽입니다. 또한 사마리아에 온 아하시야의 형제 사십이 명도 죽입니다. 뿐만 아니라 바알을 위하는 대회를 열어서 그 자리에 온 사람들을 모두 죽입니다. 하나님께서 말씀하신 대로 아합의 집이 초토화되었습니다. 하나님은 말씀대로 일을 한 예후에게 복을 주십니다. 사 대까지 왕위를 허락하신 것입니다. 그러나 본문은 예후를 다음과 같이 평가합니다. "예후가 전심으로 이스라엘 하나님 여호와의 율법을 지켜 행하지 아니하며 여로보암이 이스라엘에게 범하게 한 그 죄에서 떠나지 아니하였더라"(31절). 안타깝게도 예후도 온전하지 않았습니다. 하나님은 이때부터 이스라엘에서 땅을 잘라 내기 시작하셨습니다(32절). 심판의 강도가 점점 거세지고 있는 것입니다.

디모데후서 1장은 복음과 함께 고난을 받으라는 바울의 교훈입니다. 바울은 예수 그리스도의 복음을 위하여 선포자와 사도와 교사로 세우심을 입었다고 고백합니다. 원래는 심판을 받아 죽어야 하는데 그리스도로 말미암아 생명을 얻게 되었다는 것입니다. 그래서 바울은 기꺼이 이 복음과 함께 고난을 받는다고 말합니다. 그리고 디모데에게도 동일한 부탁을 합니다. "오직 하나님의 능력을 따라 복음과 함께 고난을 받으라"(8절). 우리에게 전해진 이 아름다운 것, 곧 복음은 우리의 행위로 이루어진 것이 아니라 하나님의 뜻과 그리스도 예수의 은혜로 말미암은 것입니다. 그러므로 우리는 이것을 본받고 지키고 전해야 합니다. 심판 중에 복음을 허락하신 하나님께 감사합시다.

호세아 2장은 소망을 약속하시는 하나님의 말씀입니다. 하나님은 이스라엘과의 완전한 단절을 말씀하셨음에도 곧이어 소망을 약속하십니다. 하나님은 계속해서 호세아의 결혼 관계를 통해 이스라엘과의 관계를 설명하십니다. 결혼한 사람은 음행을 저질러서는 안 됩니다. 음행을 저지른 자는 벌을 받기 때문입니다. 만약 계속해서 음행을 저지르는 자가 있다면, 가시로 막고 담을 쌓아서라도 막아야 합니다. 마치 그런 것처럼, 하나님은 이스라엘에게 호소하십니다. 이스라엘은 하나님께서 주신 것들로 바알을 사랑했습니다. 그래서 하나님은 주신 것들을 도로 거두어들이셨습니다. 그럼에도 불구하고 하나님은 다시 이스라엘을 당신의 아내로 맞이하시겠다고 말씀하십니다. 이스라엘은 하나님을 버렸지만, 하나님은 이스라엘을 끝까지 붙드시겠다는 것입니다. 바로 이 지점이 우리의 소망입니다. 하나님과의 관계를 우리의 능력에 두지 않으시고 당신의 긍휼에 두신 것, 그것이 바로 복음입니다.

시편 119편 97-120절은 주의 말씀을 인생의 등과 빛으로 삼습니다. 말씀 속에는 우리의 무력함과 비참함도 있지만, 하나님의 사랑과 긍휼도 있습니다. 그래서 우리는 말씀을 읽을 때마다 소망을 얻습니다. 힘을 얻습니다. 주의 말씀을 사랑할 수밖에 없습니다. "주의 말씀의 맛이 내게 어찌 그리 단지요 내 입에 꿀보다 더 다니이다"(103절). 주의 말씀은 우리가 가는 길의 등과 빛이기 때문입니다. 말씀의 즐거움을 맛본 사람은 오직 주의 법만 사랑합니다. 두 마음을 품지 않습니다. 항상 주의 말씀에 붙들리기를 원합니다.

10월 October 30

열왕기하11-12장 • 디모데후서2장 • 호세아3-4장 • 시편119:121-144

열왕기하 11장과 **열왕기하 12장**은 유다 왕조를 기록합니다. 아하시야가 죽자 그의 어머니요 아합의 딸인 아달랴가 왕손을 모두 죽입니다. 자칫하면 다윗 왕조가 사라질 위기에 처해 버린 것입니다. 악인과의 동행은 이렇게 위험합니다. 아합 가문과 맺은 관계 때문에 다윗 왕조가 큰 위험을 만났습니다. 하지만 하나님의 은혜 속에서 다행히 요아스가 살아남습니다. 훗날 제사장 여호야다에 의해 일곱 살의 나이로 왕이 됩니다. 아달랴는 죽임을 당합니다. 요아스는 여호야다의 지도를 받으며 여호와 보시기에 정직한 왕이 됩니다. 그는 백성들에게 은을 거두어 파손된 성전을 수리합니다. 아달랴를 피해 여섯 살까지 숨어 지내던 곳이 성전이었기 때문에(3절), 아마 성전 여기저기가 파손된 것을 누구보다 잘 알지 않았을까 싶습니다. 아무튼 그는 하나님께 감사한 마음으로 성전을 수리했을 것입니다. 하나님의 사람에게도 종종 위기가 찾아올 수 있습니다. 악인에게 심각한 손해를 볼 수도 있습니다. 그러나 하나님은 당신의 백성들을 안전하게 지키십니다. 아달랴의 위협 속에서도 다윗 왕조를 보존하신 것처럼 말입니다.

디모데후서 2장은 진리의 말씀을 옳게 분별하라고 말합니다. 바울은 젊은 목회자 디모데에게 많은 권면을 합니다. 마치 병사나 선수나 농부처럼 살라고 권면합니다. 복음을 위해 열심히 수고하라는 뜻입니다. 또한 진리의 말씀을 옳게 분별하고 망령되고 헛된 말을 하지 말라고 권면합니다. 분별력은 참 중요합니다. 하나님께 칭찬을 받은 유다의 왕 여호사밧은 딱 한 가지 일로 큰 꾸중을 들었는데, 바로 아합 가문과 인연을 맺은 일입니다. 이 일은 다윗 왕조를 사라질 위기에 빠트릴 만큼 커다란 잘못이었습니다.

옳게 분별하지 못하는 것은 결코 작은 잘못이 아닙니다. 망령되고 헛된 말을 하는 사람과는 단호히 관계를 끊어야 합니다. 그들의 말은 악성 종양이 퍼져 나가는 것과 같기 때문입니다(17절).

호세아 3장과 호세아 4장에서는 음녀가 된 여인을 사랑하는 호세아와 우상을 숭배하는 이스라엘을 사랑하시는 하나님의 모습이 비교됩니다. 하나님은 호세아에게 다른 남자를 사랑해서 떠난 아내를 다시 사랑하라고 명하십니다. 호세아는 은 열다섯 개와 보리 한 호멜을 가지고 그녀를 다시 데려옵니다. 하나님은 그 모습이 곧 당신과 이스라엘의 모습이라고 말씀하십니다. 이스라엘은 호세아의 아내와 같습니다. 그들에게는 진실도 없고 인애도 없고 하나님을 아는 지식도 없습니다. 저주와 속임과 살인과 도둑질과 간음만 있을 뿐입니다. 번성할수록 하나님께 범죄합니다. 나무를 섬깁니다. 이방인의 종교를 따라 합니다. 그들이 이렇게 하는 이유가 있습니다. "내 백성이 지식이 없으므로 망하는도다 네가 지식을 버렸으니 나도 너를 버려 내 제사장이 되지 못하게 할 것이요 네가 네 하나님의 율법을 잊었으니 나도 네 자녀들을 잊어버리리라"(6절). 하나님의 말씀을 알지 못하기 때문입니다.

시편 119편 121–144절은 주의 말씀이 우둔한 자들을 깨닫게 한다고 말합니다. 주의 말씀을 아는 것이 주를 아는 것입니다. 그래서 시인은 하나님께 말씀을 가르쳐 주시고 깨닫게 해 달라고 호소합니다. "나는 주의 종이오니 나를 깨닫게 하사 주의 증거들을 알게 하소서"(125절). 주의 말씀을 열면 빛이 비추어 우둔한 사람들을 깨닫게 합니다. 그러므로 주의 말씀들을 사모합시다. 주의 말씀에 우리 발걸음을 두게 세웁시다. 주의 말씀을 힘써 배웁시다.

열왕기하 13장에는 엘리사의 죽음이 나옵니다. 이스라엘의 왕들은 여전히 악행을 저지르고 있습니다. 예후의 아들 여호아하스가 하나님을 진노하게 합니다. 그로 말미암아 아람의 핍박을 받습니다. 여호아하스의 아들 요아스도 다를 바가 없었습니다. 요아스 시대에 엘리사가 죽을병이 듭니다. 요아스가 문병을 옵니다. 엘리사는 이스라엘을 위해 마지막 기적을 베푸는데, 요아스가 화살로 땅을 세 번 치는 바람에 크게 화를 냅니다. 땅을 치는 숫자가 아람을 이기는 숫자였기 때문입니다. 실제로 아람과의 싸움에서 이스라엘은 세 번 승리합니다. 하나님께서 악한 왕들의 시대에도 이스라엘에 은혜를 베푸시는 이유가 있습니다. “여호와께서 아브라함과 이삭과 야곱과 더불어 세우신 언약 때문에 이스라엘에게 은혜를 베풀며 그들을 불쌍히 여기시며 돌보사 멸하기를 즐겨하지 아니하시고 이때까지 자기 앞에서 쫓아내지 아니하셨더라”(23절). 하나님께서 세우신 언약 때문입니다. 하나님은 정말로 신실하십니다. 당신의 언약을 따라 긍휼과 은혜를 베푸십니다. 심지어 악한 자에게도 항상 구원의 방도를 마련해 주십니다. 그러므로 하나님께 돌이킵시다. 하나님을 찾읍시다. 하나님께 부르짖읍시다. 하나님은 우리의 소망이십니다.

디모데후서 3장은 말씀 안에 거하라고 말합니다. 온갖 악인들이 넘쳐흐르는 시대에 살고 있습니다. 하나님 사랑하는 것보다 자기를 사랑하는 사람들이 얼마나 많은지 모릅니다. 자랑과 교만과 비방과 거역과 무정과 사나움과 조급과 자만이 뿌리 깊게 자리 잡은 사람들도 많습니다. 겉으로 볼 때는 경건한 것 같은데 실상은 불경건한 위선자도 많습니다. 항상 배우나 끝내 진리의 지식에 이르지 못하는 욕심쟁이들도 많습니다. 악한 사람들은 더욱 악해지고 속이는 자들은 더욱 속이는 시대입니다. 그러나 참된 성도는 시대의 영향을 받지 않고 오직 배우고 확신한 일에 거해야 합니다. 곧 성경 안에 거해야 합니다. 성경은 구원에 이르게 하는 지혜가 있고 교훈과 책망과 바르게 함과 의로 교육하기에 유익하니 하나님의 사람으로 온전하게 하며 모든 선한 일을 행할 능력을 갖추게 하기 때문입니다(15–17절).

호세아 5장과 **호세아 6장**은 여호와께로 돌아가자는 호소입니다. 이스라엘을 향한 심판이 예고됩니다. 이스라엘의 죄가 얼마나 깊은지 그들은 스스로 하나님께 돌아가지 못할 지경이 되었습니다. “그들의 행위가 그들로 자기 하나님에게 돌아가지 못하게 하나니 이는 음란한 마음이 그 속에 있어 여호와를 알지 못하는 까닭이라”(5:4). 말 그대로 죄에 중독이 되어 버린 것입니다. 하나님은 유다를 사용하여 이스라엘을 심판하기로 하십니다. 이 심판은 그들이 죄를 뉘우치고 하나님의 얼굴을 구하도록 하시기 위한 것입니다(5:15). 호세아는 백성들에게 호소합니다. 첫째는 여호와께로 돌아가자는 것입니다. 회개를 호소합니다. 둘째는 여호와를 힘써 알자는 것입니다. 지식을 통한 믿음을 호소합니다. 회개와 믿음은 참된 신앙의 열매입니다. 하나님은 단순한 종교 활동이 아니라 진정한 신앙을 원하십니다.

시편 119편 145–176절은 주를 아는 것과 주에게로 가는 것이 사실 같은 행위임을 가르칩니다. 주에게로 가고자 하는 사람은 주를 알기 위해 주의 말씀을 힘써 읽습니다. 주를 알기 위해 주의 말씀을 힘써 읽는 사람은 주에게로 갑니다. “주의 말씀을 조용히 읊조리려고 내가 새벽녘에 눈을 떴나이다 주의 인자하심을 따라 내 소리를 들으소서 여호와여 주의 규례를 따라 나를 살리소서”(148–149절). 주의 말씀을 아는 자들은 주께서 얼마나 긍휼이 많으신지를 압니다. 주께서 얼마나 인자하신지도 압니다. 주의 말씀에는 주께서 드러나시기에 주를 사랑하는 자는 주의 말씀을 사랑합니다.

November
/
11월

11월 November 01

열왕기하14장 • 디모데후서4장 • 호세아7장 • 시편120-122편

열왕기하 14장에는 북이스라엘과 남유다의 역사가 교차되어 나옵니다. 남유다에서는 요아스의 아들 아마샤가 왕이 됩니다. 그는 나름대로 신실한 왕이었습니다. 비록 산당들을 제거하지는 않았지만 여호와 보시기에 정직히 행하였고 율법을 존중했습니다. 하나님은 그에게 에돔과의 전쟁에서 승리를 허락하셨습니다. 그러나 이 전쟁의 승리로 말미암아 그는 자만에 빠진 듯합니다. 북이스라엘에게 싸움을 겁니다. 북이스라엘의 왕 요아스는 싸움을 피하고자 했으나 아마샤는 포기하지 않았습니다. 이 전쟁에서 크게 패한 아마샤는 수치를 당합니다. 북이스라엘에서는 요아스의 뒤를 이어 여로보암 2세가 왕이 됩니다. 여로보암 2세 때 북이스라엘은 큰 번영을 누립니다. "여호와께서 이스라엘의 고난이 심하여 매인 자도 없고 놓인 자도 없고 이스라엘을 도울 자도 없음을 보셨고 여호와께서 또 이스라엘의 이름을 천하에서 없이 하겠다고도 아니하셨으므로 요아스의 아들 여로보암의 손으로 구원하심이었더라"(26-27절). 하나님께서 긍휼히 여기셔서 도우신 것입니다. 본문에서 볼 수 있듯이 승리와 패배, 번영과 몰락 등은 모두 하나님의 손에서 나옵니다. 성경은 그것을 끊임없이 말합니다. 성경을 올바로 읽는 자들은 믿음의 반응을 내놓습니다. 하나님을 신뢰하고 의지합니다. 하나님께 간청합니다. 모든 성경은 하나님을 바르게 가르치고 하나님께 옳게 반응하게 하는 것에 목적이 있습니다.

디모데후서 4장은 말씀의 목적을 말합니다. 바울은 디모데에게 항상 말씀을 전파하라고 말합니다. 가르치되 경책과 경계와 권면을 하라고 합니다. 이것이 말씀의 목적입니다. 말씀에는 경책이 있습니다. 정신을 차리도록 꾸짖는 것입니다. 경계가 있습니다. 잘못된 것을 분별하는 것입니

다. 권면이 있습니다. 올바른 것을 행하도록 하는 것입니다. 말씀은 하나님을 가르치고 하나님께 옳게 반응하도록 하는 것에 목적이 있습니다. 그러나 종종 이것을 싫어하는 사람들이 있습니다. 그들은 바른 교훈을 듣고 싶어 하지 않습니다. 듣고 싶어 하는 말을 듣고자 거짓 스승을 따릅니다. 가르치는 자는 그런 사람들에게 반응해서는 안 됩니다. 배우려는 자는 그런 교훈에 마음을 빼앗겨서는 안 됩니다. 모든 성도들은 주어진 말씀을 있는 그대로 수용해서 가르치고 배워야 합니다.

호세아 7장은 이스라엘의 끝없는 죄를 지적합니다. 하나님께서 이스라엘을 치료하시려고 할 때에 에브라임의 죄와 사마리아의 죄가 새로 드러납니다. 그야말로 죄가 가득한 사회입니다. 가장 큰 문제는 그들이 죄를 가벼이 여긴다는 것입니다(2절). 왕은 왕대로 죄를 짓습니다. 왕을 죽이는 죄도 쉽게 짓습니다. 종교와 사회는 이방인의 그것과 혼합됩니다. 여호와께 돌아오라고 그토록 호소했는데, 그들은 오히려 더욱 멀어져 갔습니다. "화 있을진저 그들이 나를 떠나 그릇 갔음이니라"(13절). 하나님을 떠난 그들은 온갖 수치와 조롱을 당하게 될 것입니다. 죄에 중독된 사람들은 반복되는 경책과 경계와 권면에도 반응하지를 못합니다. 죄를 죄라고 여기지 않기 때문입니다.

시편 120-122편은 하나님께 도움을 호소하는 노래입니다. 하나님은 응답해 주십니다. 하나님은 도움을 주십니다. 하나님은 지키시고 보호하십니다. "여호와는 너를 지키시는 이시라"(121:5). 하나님을 믿는다는 것은 그분께서 우리의 아버지가 되심을 믿는 것입니다. 아버지이신 하나님께서 우리를 도우시고 보호하시고 지키심을 믿고, 항상 그에게 반응하는 것이 믿음입니다. 하나님의 말씀에 전혀 반응을 하지 않는다면 사실 그 믿음을 의심해 봐야 합니다. 믿음이 있는 자는 하나님의 말씀에 즐거이 반응할 수밖에 없는데, 하나님께서 우리의 아버지가 되신다는 믿음을 가지고 있기 때문입니다.

11월 November 02

열왕기하15장 · 디도서1장 · 호세아8장 · 시편123-125편

열왕기하 15장에는 북이스라엘과 남유다의 역사가 계속해서 교차되어 나옵니다. 남유다에서는 아마샤가 죽은 뒤에 그의 아들 아사랴가 왕이 됩니다. 아사랴는 전반적으로 정직한 왕이었습니다. 훗날 나병을 얻게 되는데, 역대기 26장에 따르면 제사장이 해야 할 일, 즉 성전의 향불 붙이기를 했기 때문이었습니다. 하나님의 율법을 가벼이 여긴 것입니다. 여로보암 2세가 죽은 후 북이스라엘은 혼란에 빠집니다. 여로보암 2세의 아들 스가랴는 6개월 만에 암살을 당합니다. 그를 죽인 살룸은 한 달 만에 죽임을 당하고, 살룸을 죽인 므나헴은 10년간 북이스라엘을 통치합니다. 그의 아들 브가히야는 2년간 통치한 후 베가에게 죽임을 당합니다. 베가 때에 앗수르의 침공이 시작됩니다. 베가는 호세아에게 죽임을 당합니다. 남유다에서는 아사랴의 뒤를 이어 그의 아들 요담이 왕이 됩니다. 역사가 급격히 진행됩니다. 하나님의 심판이 점점 다가오고 있습니다. 지금이라도 회개하여 돌이키면 될 텐데, 그럴 기미가 보이지 않습니다. 끝이 있음을 항상 기억합시다. 두렵고 떨림으로 신앙의 길을 경건히 걸어갑시다. 이 본문이 우리에게 가르치는 교훈입니다.

디도서 1장은 때로 엄격한 목회가 필요함을 가르칩니다. 바울은 젊은 목회자 디도에게 편지합니다. 먼저 장로를 세우라고 말합니다. 장로의 조건은 디모데에게 말한 것과 같습니다. 바울은 디도에게 엄격한 목회를 요구하는데, 특히 불순종하고 헛된 말을 하는 할례파에게 그렇게 하라고 합니다. 그들의 입을 막으라고 합니다. 그레데인을 엄히 꾸짖으라고도 합니다. 하나님을 입으로는 시인하나 행위로는 부인하는 자들을 분별하라고

권면합니다. 이 모든 것은 그들의 믿음을 온전하게 하기 위해서입니다. 종종 엄격하게 꾸짖어야 할 때가 있습니다. 그럴 때는 망설이지 말아야 합니다. 분명한 태도를 유지해야 합니다. 동시에 목적을 잊어서는 안 됩니다. 온전한 믿음을 세우고자 하는 목적으로 해야 합니다.

호세아 8장에서는 이스라엘의 멸망이 예고됩니다. 원수가 독수리처럼 여호와의 집을 덮칠 것입니다. 가장 결정적인 이유는 우상 숭배입니다. 하나님에게서 나오지 않은 왕들이 세워졌는데, 그들은 은과 금으로 자기를 위하여 우상을 만들었습니다. 여로보암이 세워 놓은 금송아지는 여전히 그 자리에 있었습니다. 이스라엘은 사실상 망한 상태입니다. 다시 일어서고자 여러 나라에 도움을 구하나 아무 소용이 없을 것입니다. 죄를 사해 주기 위한 제단을 죄로 더럽혔고, 행복을 위해 준 율법을 이상한 것으로 여겼으며, 죄를 잊기 위한 제물이 오히려 죄를 생각나게 만들었기 때문입니다. 결국 그들은 하나님을 잊은 대가를 받게 될 것입니다. 하나님께서 죄를 증오하신다는 것을 잊어서는 안 됩니다. 우상 숭배를 극히 미워하신다는 것도 잊어서는 안 됩니다. 우리 안에 있는 모든 죄를 들고 그리스도 앞으로 항상 달려갑시다. 그리스도만이 우리를 깨끗하게 하실 수 있습니다.

시편 123-125편은 여호와를 의지하는 노래입니다. 여호와는 은혜를 베푸십니다. 그러므로 우리는 마땅히 주를 바라보며 은혜 베풀어 주시기를 기다려야 합니다. 여호와는 우리를 도우십니다. 그러므로 우리는 마땅히 주를 찬양해야 합니다. 여호와는 우리를 선대하십니다. 그러므로 우리는 마땅히 주를 의지해야 합니다. 각종 우상을 버리고 주를 섬기는 것이 가장 복된 인생을 사는 방법입니다. 하나님을 바라보고 찬양하며 의지합시다. 주께서 우리를 복되게 하십니다.

11월 November 03

열왕기하16장 · 디도서2장 · 호세아9장 · 시편126-128편

열왕기하 16장에는 남유다의 타락이 나옵니다. 요담의 아들 아하스가 왕이 됩니다. 그는 마치 북이스라엘의 왕들과 같았습니다. 우상을 숭배한 것입니다. 아람과 북이스라엘이 침공을 하자 그는 앗수르에 도움을 청합니다. 하나님을 믿고 의지해야 할 유다의 왕이 앗수르를 의지한 것입니다. 뿐만 아니라 그는 앗수르에 있는 제단을 보고 그 양식을 그대로 본떠서 제사장 우리야에게 보냅니다. 우리야는 그 양식대로 제단을 만들고 여호와의 성전에 그 제단을 둡니다. 남유다 역사 속에 가장 악한 왕이 등장한 것입니다. 아하스 이후부터 남유다에도 망조가 들기 시작합니다. 보통은 위기의 순간에 우상을 섬기는 경우가 많습니다. 눈에 보이는 권세로 위기를 급히 막고자 하는 경우입니다. 그러나 어떤 순간에도 우상 숭배는 하나님께서 가장 미워하시는 죄임을 기억해야 합니다. 하나님께서 위기를 주신 것은 더욱 하나님을 의지하라는 뜻입니다. 위기 속에서 하나님을 바라보고 하나님께 간청하라는 의미입니다. 위기를 핑계로 우상 숭배를 합리화할 수 없습니다.

디도서 2장은 교회 안에 있는 모든 사람에게 올바른 교훈을 가르치라고 합니다. 늙은 남자에게는 절제와 경건과 신중과 믿음과 사랑과 인내를 가르치고, 늙은 여자에게는 행실이 거룩하고 모함하지 말며 술의 종이 되지 아니하고 선한 것을 가르치는 자들이 되도록 교훈하라고 말합니다. 젊은 여자에게는 남편과 자녀를 사랑하고 신중하며 순종하고 집안일을 하며 선하고 남편에게 복종할 것을 가르치라고 말합니다. 젊은 남자에게는 신중하고 단정하며 책망할 것이 없는 바른 말을 하도록 가르치라고 말합니다.

종들은 상전들에게 순종하고 거슬러 말하지 말며 훔치지 말고 신실할 것을 가르치라고 말합니다. 각 사람이 자기의 위치에 맞는 교훈을 받아야 하는 이유가 있습니다. "이는 범사에 우리 구주 하나님의 교훈을 빛나게 하려 함이라"(10절). 예수님께서 우리를 대신하여 자신을 주심은 선한 일을 열심히 하는 당신의 백성이 되게 하시기 위해서입니다. 목회자는 이 교훈을 가르치고 성도는 이 교훈을 기쁘게 받아야 합니다.

호세아 9장은 이스라엘이 받게 될 심판을 말합니다. 추수할 시기가 다가와도 이스라엘은 기뻐할 수가 없을 것입니다. 제대로 수확할 수 없게 될 것이기 때문입니다. 또한 명절과 여호와의 절기에 아무것도 할 수 없게 될 것이라고 말합니다. 하나님께 드릴 제물이 없기 때문입니다. 형벌의 날이 올 것이고 보응의 날이 올 것입니다. 선지자를 통해 주신 경고를 그들이 다 무시했기 때문입니다. 하나님은 이스라엘을 무화과나무에서 처음 맺힌 첫 열매를 봄같이 하셨는데, 이스라엘은 가증한 우상에게 자기의 몸을 바쳤습니다. 그로 말미암아 영광은 떠나갔고 생명은 막혔으며 열매는 맺지 못했습니다. 이 모든 것은 그들이 듣지 아니하므로 하나님께서 그들을 버리셨기 때문입니다(17절). 주의 교훈을 들어야 합니다. 지켜야 합니다. 주를 의지하고 신뢰해야 합니다. 주를 의지하는 자는 영광과 생명과 열매를 얻으나 우상을 숭배하는 자는 아무리 노력해도 아무것도 얻지 못합니다.

시편 126-128편은 하나님께서 열매를 주신다고 말합니다. 특히 127편이 그것을 분명히 말합니다. "여호와께서 집을 세우지 아니하시면 세우는 자의 수고가 헛되며 여호와께서 성을 지키지 아니하시면 파수꾼의 깨어 있음이 헛되도다"(127:1). 아무리 노력해도 하나님께서 주시지 않으면 얻을 수 없습니다. 아무리 노력해도 하나님께서 지키시지 않으면 안전할 수 없습니다. 하나님께서 주십니다. 그러므로 우리는 이 말씀을 믿어야 합니다. "여호와를 경외하며 그의 길을 걷는 자마다 복이 있도다"(128:1).

11월 November **04** 열왕기하17장 • 디도서3장 • 호세아10장 • 시편129-131편

열왕기하 17장은 북이스라엘의 멸망 이야기입니다. 호세아가 이스라엘의 왕이 됩니다. 그는 악한 왕이었습니다. 앗수르가 이스라엘을 침공하고 결국 멸망시킵니다. 이스라엘이 멸망한 이유는 분명합니다. "이 일은 이스라엘 자손이 자기를 애굽 땅에서 인도하여 내사 애굽의 왕 바로의 손에서 벗어나게 하신 그 하나님 여호와께 죄를 범하고 또 다른 신들을 경외하며 여호와께서 이스라엘 자손 앞에서 쫓아내신 이방 사람의 규례와 이스라엘 여러 왕이 세운 율례를 행하였음이라"(7-8절). 한마디로 우상을 숭배했기 때문입니다. 우상 숭배의 결과는 멸망입니다. 앗수르 왕은 바벨론과 구다와 아와와 하맛과 스발와임에서 사람을 옮겨다가 이스라엘 자손을 대신하여 사마리아 여러 성읍에서 살게 했습니다. 결국 사마리아 안에는 각 나라 사람들이 섬기는 우상으로 가득 채워지게 됩니다. 그 많은 교훈과 경고를 생각해 보십시오. 그 많은 승리와 번영을 생각해 보십시오. 하나님께서 행하신 그 많은 일들에도 불구하고 이스라엘은 꿈쩍도 하지 않았습니다. 본문은 그 결과일 뿐입니다. 꼭 기억합시다. 하나님은 지금도 교훈과 경고를 통해 우리가 하나님께 온전히 반응하기를 원하십니다.

디도서 3장은 이전과 같이 살지 말고 새로운 신분에 걸맞은 삶을 살라고 권합니다. 예수 그리스도 안에 있기 전 우리는 어리석은 자요 순종하지 아니하는 자요 속은 자요 정욕과 행락에 종노릇한 자요 악독과 투기를 일삼은 자요 가증스러운 자요 피차 미워한 자였습니다. 그러나 하나님의 사랑으로 그리스도 안에서 성령의 새롭게 하심을 통해 중생한 우리는 이제 다른 삶을 살아야 합니다. 하나님께서 우리로 하여금 선한 일에 힘쓰게 하시

려고 우리를 구원하셨기 때문입니다. 하나님께서 우리에게 주신 교훈에 힘써 순종할 수 있기를 바랍니다.

호세아 10장은 이스라엘이 망한 이유를 상세히 말합니다. 가장 큰 이유는 두 마음을 품은 것입니다. 하나님과 우상을 동시에 섬겼습니다. 여호와를 두려워하지 않았습니다. 거짓말을 남발했습니다. 벧아웬의 송아지를 우상으로 떠받들었습니다. 자기의 군사력을 의지했습니다. "너희는 악을 밭 갈아 죄를 거두고 거짓 열매를 먹었나니 이는 네가 네 길과 네 용사의 많음을 의뢰하였음이라"(13절). 하나님의 백성이 하나님과 상관없이 살아가는 것만큼 큰 죄가 없습니다. 하나님의 자녀가 하나님 이외의 신을 사랑하는 것만큼 큰 죄가 없습니다. 이스라엘은 이 모든 죄를 저질렀고 그 죄의 대가를 꼭 받을 것입니다. "이스라엘 왕이 새벽에 정녕 망하리로다"(15절). 경고가 귀에 들려올 때 우리는 즉시 마음의 묵은 땅을 갈아엎고 하나님을 찾아야 합니다. 경고에 온전히 반응하는 것만이 살길입니다.

시편 129-131편은 하나님께 의지하는 것이 얼마나 좋은 일인지를 노래합니다. 하나님은 이스라엘을 어린 시절부터 돌보셨습니다. 이스라엘을 괴롭히는 악한 나라들을 모두 물러가게 하셨습니다. 하나님은 이스라엘에게 복을 주십니다. 이 믿음이 확실한 사람은 곤고한 일을 만났을 때 하나님께 부르짖습니다. 죄를 지었을 때 하나님께 기도합니다. "나 곧 내 영혼은 여호와를 기다리며 나는 주의 말씀을 바라는도다"(130:5). 하나님은 우리를 어린아이처럼 돌보시기에 우리는 항상 담대히 하나님 앞에 나아갈 수 있습니다. "이스라엘아 지금부터 영원까지 여호와를 바랄지어다"(131:3).

11월 November 05

열왕기하18장 • 빌레몬서1장 • 호세아11장 • 시편132-134편

열왕기하 18장은 앗수르의 위협을 받는 남유다 이야기입니다. 히스기야가 남유다의 왕이 됩니다. 그는 다윗과 같은 왕이었습니다. 산당들을 제거하고 아세라 목상을 찍으며 백성들이 우상으로 섬기던 모세의 놋뱀을 부수었습니다. 하나님을 온전히 의지하였고 계명도 힘써 지켰습니다. 하나님께서 그와 함께하셨고 그가 형통하게 하셨습니다. 이때 북이스라엘을 멸망시킨 앗수르가 쳐들어옵니다. 엄청난 조공을 바쳐서 잠깐의 위기는 모면하였지만 결국 심각한 상황을 맞이하게 됩니다. 앗수르의 군대 장관 랍사게가 예루살렘을 포위한 것입니다. 랍사게는 온갖 말로 위협하고 조롱합니다. 주목할 말은 이것입니다. "히스기야가 너희를 설득하여 이르기를 여호와께서 우리를 건지시리라 하여도 히스기야에게 듣지 말라 민족의 신들 중에 어느 한 신이 그의 땅을 앗수르 왕의 손에서 건진 자가 있느냐"(32-33절). 여호와를 섬긴 이스라엘도 우리에게 망했으니 너희도 마찬가지일 것이라는 조롱입니다. 마치 하나님의 손이 짧아서 이스라엘을 구원하지 못한 것처럼 말하고 있습니다. 그러나 하나님은 능력이 없으셔서 이스라엘을 망하게 내버려 두신 것이 아닙니다. 이스라엘을 징계하시기 위해 앗수르라는 막대기를 사용하셨을 뿐입니다. 그때도 그렇고 지금도 그렇지만 하나님은 당신을 의지하는 자를 반드시 구원하십니다.

빌레몬서 1장은 복음 안에서 변화되는 새로운 신분을 말합니다. 바울은 오네시모를 위해 이 편지를 썼습니다. 오네시모는 빌레몬의 종이었습니다. 바울은 그를 자기 곁에 두고 싶었지만 빌레몬의 허락을 받는 것이 우선이라고 말합니다(13-14절). 과거에는 종에 불과했던 그였지만 이제는 그

리스도 안에서 한 형제가 되었으니 그를 종과 같이 대하지 말고 사랑받는 형제로 대해 달라고 부탁합니다. 마치 자신에게 하듯이 그를 영접해 달라는 것입니다. 이 편지는 복음이 가지고 있는 특징들을 잘 보여 줍니다. 복음은 무례하지 않습니다. 복음은 질서를 거스르지도 않습니다. 동시에 복음은 모든 것을 역전시킵니다. 관계를 변화시킵니다. 복음이 가지고 있는 이 놀라운 균형을 우리 모두가 꼭 알 수 있기를 바랍니다.

호세아 11장에는 이스라엘을 향한 하나님의 간절한 사랑이 드러납니다. 하나님은 이스라엘이 어렸을 때부터 사랑으로 돌보셨습니다. 그러나 이스라엘은 선지자들의 외침을 무시하고 우상들을 따라갔습니다. 그 결과는 참혹했습니다. 앗수르 사람이 그들의 임금이 된 것입니다. 비록 앗수르를 징계의 수단으로 삼으셔서 이스라엘을 치고 계시지만 하나님의 마음은 여전히 이스라엘을 향해 불타오르고 있습니다. "내 마음이 내 속에서 돌이키어 나의 긍휼이 온전히 불붙듯 하도다"(8절). 하나님의 마음을 알아야 합니다. 진노 중에도 불타는 긍휼을 품고 당신의 백성을 보시는 하나님의 마음을 깨달아야 합니다. 그럴 때 하나님께로 돌이킬 수 있기 때문입니다. 하나님은 우리를 사랑하십니다.

시편 132-134편은 하나님을 향한 사랑과 형제를 향한 사랑을 노래합니다. 먼저 132편에서 다윗은 여호와의 처소를 간절히 사모합니다. 하나님께서 계신 곳에 들어가기를 소망합니다. 그곳에서 하나님을 만나기를 원합니다. 133편은 형제의 연합을 노래합니다. 믿는 자들끼리의 연합은 참으로 선하고 아름다운 일입니다. 빌레몬과 오네시모가 그렇게 했듯이 말입니다. 134편은 여호와의 성전에서 여호와를 송축하라고 외칩니다. "천지를 지으신 여호와께서 시온에서 네게 복을 주실지어다"(134:3).

11월 November 06

열왕기하19장 · 히브리서1장 · 호세아12장 · 시편135-136편

열왕기하 19장은 앗수르의 손에서 이스라엘을 구원하시는 하나님의 이야기입니다. 히스기야는 앗수르의 군대 장관 랍사게의 협박을 받고 선지자 이사야를 찾습니다. 이사야는 이렇게 말합니다. "여호와의 말씀이 너는 앗수르 왕의 신복에게 들은 바 나를 모욕하는 말 때문에 두려워하지 말라 내가 한 영을 그의 속에 두어 그로 소문을 듣고 그의 본국으로 돌아가게 하고 또 그의 본국에서 그에게 칼에 죽게 하리라"(6-7절). 앗수르 왕은 구스 왕 디르하가가 침공했다는 소식을 듣습니다. 군대를 물리기 전에 다시 한 번 히스기야를 위협합니다. 히스기야는 앗수르 왕의 편지를 하나님 앞에 펼쳐 놓고 간절히 기도합니다. 하나님께서 응답하십니다. 이스라엘의 거룩한 자를 비방한 대가를 앗수르 왕에게 꼭 갚아 주시겠다고 말씀하십니다. 그날 밤 여호와의 사자가 앗수르 군대를 치고 앗수르 왕은 니느웨에서 암살을 당합니다. 하나님께 구원의 능력이 없다고 조롱했던 앗수르 왕이 하나님께 심판을 당한 것입니다. 하나님은 능력이 부족해서 당신의 백성을 이방 사람들에게 내어 주신 것이 아닙니다. 당신 백성의 징계를 위해 이방 사람의 손을 빌리신 것에 불과합니다. 하나님은 능력이 충만하십니다. 이 믿음을 품고 하나님께 간절히 기도합시다. 히스기야가 얻은 영광스러운 구원을 우리도 얻게 될 것입니다.

히브리서 1장은 예수 그리스도께서 어떤 분이신지를 설명합니다. 과거 선지자들을 통하여 여러 부분과 여러 모양으로 말씀하셨던 하나님은 이제 그리스도를 통하여 말씀하십니다. 그리스도는 하나님의 영광의 광채시요 그 본체의 형상이십니다. 그분은 만물을 붙드시고 죄를 정결하게 하는 일

을 하십니다. 그분은 천사보다 훨씬 뛰어나시고 만물을 다스리십니다. 예수 그리스도는 하나님의 아들로 참된 왕이십니다. 참된 왕 안에 거하는 자는 이 세상의 거짓 왕들 때문에 두려워할 필요가 없습니다. 참된 왕이신 예수 그리스도 안에 구원과 영광과 승리가 가득하기 때문입니다.

호세아 12장은 이스라엘의 또 다른 죄를 말합니다. 이스라엘은 마치 그들의 조상인 야곱과 같습니다. 야곱은 속이는 자라는 뜻입니다. 하나님을 대적하여 싸우는 자라는 의미이기도 합니다. 상인들과 같이 거짓 저울로 속여서 부정한 재물을 얻습니다. 부정한 재물을 축적하고도 죄의식이 없습니다. "내가 수고한 모든 것 중에서 죄라 할 만한 불의를 내게서 찾아낼 자 없으리라"(8절). 하나님은 선지자들을 보내셔서 회개를 요청하셨지만 그들은 끝내 거짓된 삶에서 돌이키지 않았습니다. 그러나 하나님은 여전히 요청하십니다. "그런즉 너의 하나님께로 돌아와서 인애와 정의를 지키며 항상 너의 하나님을 바랄지니라"(6절). 돌아서기만 하면 구원이 있습니다. 죄를 인정하고 하나님을 바라보면 복음이 있습니다. 하나님의 호소에 귀를 기울이면 생명이 있습니다. 주의 말씀을 꼭 들으시기 바랍니다.

시편 135편과 **시편 136편**은 우상이 아니라 신들 중의 신이신 하나님을 찬양하라고 외칩니다. 세상 사람들이 섬기는 것은 우상입니다. 사람의 손으로 만든 것에 불과합니다. 그럴듯해 보이지만 생명이 없습니다. 우상을 의지하는 자는 우상과 같이 될 수밖에 없습니다. "그것을 만든 자와 그것을 의지하는 자가 다 그것과 같으리로다"(135:18). 반면에 우리 하나님은 선하시고 아름다우십니다. 그분은 우리를 특별한 소유로 택하셨습니다. 그분은 우리를 위해 자연을 조종하시고 만국을 통치하십니다. 그분은 홀로 기이한 일들을 펼치십니다. 그러므로 우리는 하나님께서 행하신 일들을 기억하며 그분을 힘껏 찬양합시다. 그분의 인자하심과 선하심에 감사합시다. 그분은 우리를 보호하시고 먹이십니다.

11월 November 07

열왕기하20장 • 히브리서2장 • 호세아13장 • 시편137-138편

열왕기하 20장에는 히스기야의 성공과 실패가 나옵니다. 히스기야가 죽을병에 걸립니다. 히스기야가 눈물로 호소하며 기도합니다. 이 기도가 응답됩니다. "내가 네 기도를 들었고 네 눈물을 보았노라 내가 너를 낫게 하리니 네가 삼 일 만에 여호와의 성전에 올라가겠고"(5절). 또한 하나님은 남은 생애 동안 앗수르의 손에서 구원해 주시겠다고 약속하십니다. 하나님은 한 사람의 인생뿐만 아니라 한 나라의 운명까지도 좌우하십니다. 그러므로 사람은 하나님 앞에 겸손히 서서 그분을 의지하는 것이 마땅합니다. 히스기야는 좋은 왕이었지만 완전한 왕은 아니었습니다. 바벨론의 사신들이 왔을 때 그는 한껏 교만해져 있었습니다. 자신의 권세를 자랑하며 나라의 모든 살림을 다 보여 주었습니다. 이사야는 이 교만을 즉각 책망합니다. 히스기야가 보여 준 모든 것이 바벨론에게 뺏길 것이라고 말합니다. 겸손해야 합니다. 하나님은 교만한 자를 멀리하시고 겸손한 자를 가까이하십니다.

히브리서 2장은 구원의 창시자인 예수 그리스도를 말합니다. 우리는 들은 것에 더욱 유념하여 우리가 흘러 떠내려가지 않도록 해야 합니다. 늘 겸손히 우리가 얻은 구원을 생각해야 한다는 의미입니다. 우리가 얻은 구원은 예수 그리스도로 말미암았습니다. 그리스도는 죽음 속으로 들어가셔서 죽음의 세력을 잡은 자 곧 마귀를 멸하시며, 또 죽기를 무서워하여 한평생 매여 종노릇하는 자들을 놓아 주셨습니다(14-15절). 예수님은 이 일을 하시기 위해 우리와 같이 되셔서 시험과 고난을 받으셨습니다. 시험받는 자들을 능히 도우시기 위해서입니다. 만물의 통치자이신 그분께서 우

리를 영광 속으로 이끄시기 위해 기꺼이 우리와 같이 되셨다는 것입니다. 예수 그리스도야말로 겸손의 왕이십니다.

호세아 13장에는 이스라엘의 또 다른 죄가 나옵니다. 우상 숭배입니다. 그들은 온갖 우상을 만들어 섬겼습니다. 하나님은 이스라엘이 애굽에 있을 때부터 나 외에는 다른 신을 섬기지 말라고 하셨는데, 그들은 하나님께서 주신 풍요를 가지고 다른 신을 섬긴 것입니다. 하나님은 이스라엘이 망한 이유를 정확히 말씀하십니다. "이스라엘아 네가 패망하였나니 이는 너를 도와주는 나를 대적함이니라"(9절). 얼마나 참담한 행동입니까? 살리시고 돌보시고 먹이시고 지키시는 하나님을 오히려 대적하였으니 망하는 것 외에는 다른 결과가 있을 수 없습니다. 다시 한 번 유념합시다. 우리가 얻은 그 큰 구원이 누구로부터 주어졌는지 꼭 기억합시다. 이 세상 풍조에 떠내려가지 않도록 복음 위에 굳건히 섭시다.

시편 137편과 **시편 138편**은 도우시는 하나님을 찬양합니다. 특히 137편은 바벨론 포로 시절에 하나님을 찾는 기도입니다. 시인은 자신의 처지를 슬퍼합니다. 그리고 하나님께서 원수를 갚아 주시길 소망합니다. 하나님은 깊은 수렁에 빠진 자도 구원하실 수 있기 때문입니다. 138편은 다윗의 시입니다. 다윗은 하나님께서 간구에 응답하신다고 고백합니다. 하나님은 늘 살펴보시기 때문입니다. "여호와께서는 높이 계셔도 낮은 자를 굽어 살피시며 멀리서도 교만한 자를 아심이니이다"(138:6). 하나님께 겸손히 나아갑시다. 어떤 상황에서도 하나님을 의지합시다. 하나님은 원수들의 분노를 막으시고 주의 오른손으로 당신의 백성을 구원하십니다.

11월 November 08

열왕기하21장 • 히브리서3장 • 호세아14장 • 시편139편

열왕기하 21장은 유다 왕 므낫세와 아몬에 관한 기록입니다. 히스기야의 아들 므낫세가 왕이 됩니다. 그는 매우 악한 왕이었습니다. 아버지 히스기야가 헐어 버린 우상들을 다시 세웠습니다. 여호와의 성전에 일월성신을 위한 제단을 쌓았고 아들을 불 가운데로 지나가게 했으며 온갖 미신적인 행위를 서슴지 않고 행하였습니다. 당시 유다의 악행이 얼마나 심했는지 본문은 이렇게 말합니다. "므낫세의 꾐을 받고 악을 행한 것이 여호와께서 이스라엘 자손 앞에서 멸하신 여러 민족보다 더 심하였더라"(9절). 결국 하나님은 예루살렘과 유다에게 심판을 선언하십니다. 므낫세가 죽은 후 그의 아들 아몬이 왕이 됩니다. 그도 므낫세와 같이 악을 행하였습니다. 그는 신하들에게 암살을 당합니다. 유다에는 예루살렘 성전이 있었지만 그것 자체가 하나님의 임재를 보장해 주지는 않았습니다. 하나님을 떠난 백성에게는 하나님의 영광도 떠날 수밖에 없습니다. 므낫세와 아몬의 악행 탓에 유다 전체에 우상이 가득하게 되었고, 그로 말미암아 하나님의 심판을 받게 되었습니다. 다윗의 혈통이요 성전의 소유자라고 해도 그것 자체가 신앙을 보장해 주지 않습니다. 마치 그런 것처럼 신앙의 가문에 속해 있고 교회를 빠지지 않고 다닌다고 해도 그것 자체가 신앙이 될 수는 없습니다. 단순한 종교 생활이 아니라 진정한 신앙생활이 필요합니다.

히브리서 3장은 예수 그리스도를 깊이 생각하라고 말합니다. 진정한 신앙은 예수 그리스도께서 누구신지 알 때 출발합니다. 그리스도는 우리가 믿는 도리의 사도시요 대제사장이시기 때문입니다. 그리스도는 하나님의 집을 맡은 아들이십니다. 그리고 우리는 그의 집입니다. 그러므로 우리는 그리스도를 끝까지 붙잡아야 합니다. 서로가 죄의 유혹을 받아서 여기에서 떨어져 나가지 않도록 권면해 줄 수 있어야 합니다(13절). 예수 그리스도를 깊이 생각하고 그로 말미암아 우리에게 주어진 구원을 끝까지 견고히 잡읍시다. 이것이 진정한 신앙생활입니다.

호세아 14장에는 이스라엘의 반역에도 불구하고 돌아올 것을 호소하는 하나님의 마음이 나옵니다. 하나님께서 이스라엘의 죄악을 일일이 나열하셨지만, 그것 자체를 드러내는 것이 궁극적인 목적은 아니었습니다. 하나님의 궁극적인 목적은 이스라엘을 돌이키시는 것입니다. 말씀을 가지고 여호와께로 돌이키고, 불의를 제거하며, 참된 고백을 하게 하고, 앗수르의 구원을 의지하지 않게 하며, 다른 신을 섬기지 않고 오직 하나님만 예배하게 하는 것입니다. 이스라엘의 반역을 고치고 그들을 기쁘게 사랑하시는 것, 그것이 바로 하나님의 궁극적인 목적입니다. 심판과 경고를 하시는 하나님의 마음을 알아야 합니다. 하나님은 당신의 백성들이 돌아오기를 간절히 소망하십니다. 당신의 백성들이 돌아올 수 있도록 구원의 문을 마련해 놓고 계십니다. 심지어 우리를 대신하여 당신의 아들을 죽이셔서 우리를 살리고자 하십니다. 돌이켜서 하나님을 봅시다. 하나님의 긍휼을 기억합시다. 하나님의 마음을 읽읍시다.

시편 139편은 하나님께서 우리의 모든 것을 알고 계신다는 고백입니다. 하나님은 우리를 알고 계십니다. "여호와여 주께서 나를 살펴보셨으므로 나를 아시나이다"(1절). 하나님은 내가 앉고 일어서는 것을 아십니다. 나의 생각도 아시고 내가 가는 길과 내가 하는 행위도 아십니다. 하나님은 항상 나를 둘러싸고 계십니다. 우리는 하나님을 피할 수 없습니다. 하나님은 어디에서나 나를 인도하시고 붙드십니다. 하나님께서 나를 친히 지으셨기 때문입니다(13절). 무엇보다 하나님은 항상 나를 생각하십니다. 이 얼마나 놀라운 일입니까? 하나님의 이 뜨거운 마음을 우리 모두가 알 수 있기를 바랍니다.

열왕기하 22장은 요시야 왕에 관한 기록입니다. 아몬의 뒤를 이어 요시야가 8세에 왕이 됩니다. 그는 다윗의 길을 걷는 왕이었습니다. 요시야가 힐기야에게 성전 수리를 맡깁니다. 그때 힐기야가 성전에서 율법책을 발견합니다. 이 책을 읽은 요시야가 옷을 찢고 회개합니다. 율법책에 기록된 모든 것을 행하지 않았다는 사실을 발견했기 때문입니다. 훌다라는 여 선지자는 이 율법책에 기록된 대로 하나님의 심판이 곧 임할 것이라고 말합니다. 다만 요시야 시대에는 오지 않을 것이라고 말합니다. 본문이 주는 교훈은 두 가지입니다. 첫째, 이스라엘 역사 속에서 율법책이 오랫동안 잊혔다는 점입니다. 율법책을 읽지도 않고 찾지도 않은 것입니다. 그 탓에 이스라엘은 하나님의 뜻이 무엇인지를 전혀 몰랐습니다. 둘째, 사람들이 읽든지 안 읽든지 하나님은 당신의 말씀대로 신실하게 일하신다는 점입니다. 훌다가 예언하고 있는 것처럼, 사람들은 몰랐으나 하나님은 그 뜻대로 심판을 준비하고 계셨습니다. 그러므로 우리는 하나님의 말씀을 읽어야 합니다. 말씀을 읽지 않으면 하나님의 뜻이 무엇인지 알 수 없습니다. 말씀을 읽지 않으면 하나님의 일하심을 분별할 수 없습니다. 말씀 속에는 우리가 알아야 할 모든 것이 있습니다.

히브리서 4장은 하나님의 말씀을 믿음으로 받을 것을 말합니다. 하나님의 백성에게는 참된 안식이 기다리고 있습니다. 그러므로 우리 모두는 참된 안식에 들어가기 위해 힘써야 합니다. 본문은 순종의 필요성을 강조합니다. "그러므로 우리가 저 안식에 들어가기를 힘쓸지니 이는 누구든지 저 순종하지 아니하는 본에 빠지지 않게 하려 함이라"(11절). 하나님의 말씀 앞에 서면 우리의 모든 것이 드러납니다. 그 말씀은 살아 있고 활력이 있기 때문입니다. 그러므로 하나님의 말씀을 믿음으로 받읍시다. 믿음으로 받은 말씀은 우리에게 유익합니다.

요엘 1장은 회개를 촉구합니다. 요엘은 늙은 자들, 취하는 자들, 온 백성들, 제사장들에게 회개를 촉구합니다. 당시 메뚜기 떼가 농작물을 다 먹어 치웠고, 포도 열매도 모두 망쳐 놓았기 때문입니다. 엄청난 재앙이 이스라엘을 휩쓸어 버린 것입니다. 요엘은 이것을 하나님의 심판으로 해석합니다. 그리고 이렇게 권합니다. "너희는 금식일을 정하고 성회를 소집하여 장로들과 이 땅의 모든 주민들을 너희 하나님 여호와의 성전으로 모으고 여호와께 부르짖을지어다"(14절). 지독한 기근이 찾아왔으니 하나님께 호소해야 한다는 것입니다. 그것만이 유일한 방법입니다. 인생의 기근이 찾아왔을 때도 마찬가지입니다. 하나님 앞에 서서 자신을 살피고 하나님 앞에 간절히 기도해야 합니다. 회개할 것은 회개하고 간청할 것은 간청하는 것, 그것이 재난을 맞이한 성도의 마땅한 태도입니다.

시편 140편은 악인에게서 지켜 달라는 기도입니다. 악인과 포악한 자가 위협하고 있습니다. 교만한 자가 함정을 파고 기다리고 있습니다. 이 악한 세상에서 성도가 할 수 있는 것은 하나님을 의지하는 것 외에는 없습니다. 하나님께서 악인들의 꾀를 꺾으시고 이 땅에 정의를 베푸시기를 소망합시다. "여호와는 고난당하는 자를 변호해 주시며 궁핍한 자에게 정의를 베푸시리이다"(140:12). **시편 141편**은 악한 마음에서 지켜 달라는 기도입니다. 이 세상에도 악이 있지만 내 안에도 악이 있습니다. 그러므로 우리는 우리 마음을 위해서도 기도해야 합니다. "내 마음이 악한 일에 기울어 죄악을 행하는 자들과 함께 악을 행하지 말게 하시며 그들의 진수성찬을 먹지 말게 하소서"(141:4). 악인의 미혹에서 우리 마음을 지키는 것은 매우 중요합니다. 악인과 함께 서지 않는 것도 매우 중요합니다. 하나님께서 모든 악에서 우리를 구해 주시기를 기도합시다.

11월 November 10

열왕기하23장 · 히브리서5장 · 요엘2장 · 시편142편

열왕기하 23장은 요시야의 개혁 이야기입니다. 율법책을 발견한 요시야는 사람들을 불러 모아 놓고 그 책의 말씀을 읽습니다. 그리고 모든 우상들을 제거합니다. 성전 안에 있는 가증한 것들도 모조리 치워 버리고 각종 미신적인 문화도 다 없애 버립니다. 특히 여로보암이 벧엘에 세운 제단과 산당도 헐어 버립니다. 그리고 율법책에 기록된 대로 유월절을 지킵니다. 그야말로 완전한 개혁을 시행한 것입니다. 본문은 요시야의 개혁을 이렇게 평가합니다. "요시야와 같이 마음을 다하며 뜻을 다하며 힘을 다하여 모세의 모든 율법을 따라 여호와께로 돌이킨 왕은 요시야 전에도 없었고 후에도 그와 같은 자가 없었더라"(25절). 그러나 므낫세 탓에 타오른 하나님의 진노를 모두 잠재울 수는 없었습니다. 요시야는 애굽과의 전투에서 사망하고 그 뒤를 이어 여호아하스, 그리고 여호야김이 왕이 됩니다. 여호아하스와 여호야김은 모두 여호와 보시기에 악한 왕이었습니다. 본문은 유다 가운데 우상 문화가 얼마나 팽배했는지를 보여 줍니다. 요시야가 시행한 개혁을 보면 정말 놀라울 정도입니다. 우상 문화가 없는 곳이 없었습니다. 뿌리까지 우상에 젖어 있었습니다. 말씀에 비추어 우상을 찾아내야 합니다. 나도 모르게 행하고 있었던 우상 숭배를 발견해야 합니다. 우상을 부수는 일은 우리가 한평생 감당해야 하는 신앙생활입니다.

히브리서 5장은 대제사장의 자격을 말합니다. 대제사장은 중보자입니다. 특히 그가 무식하고 미혹된 자를 능히 용납할 수 있는 것은 자신도 연약하기 때문입니다. 그래서 백성뿐만 아니라 자신을 위해서도 속죄제를 드려야 했습니다. 이 직분은 아무나 취할 수 없었고 아론과 같이 오직 하나님의 부르심을 받아야 취할 수 있습니다. 예수 그리스도도 부르심을 받은 대제사장이십니다. 그러나 예수님은 아론보다 뛰어나십니다. 그분은 멜기세덱의 반차를 따르는 제사장이시기 때문입니다. 그분은 스스로 고난을 받으셔서 온전하게 되심으로 영원한 구원의 근거가 되셨습니다. 우리는 이 교리를 열심히 공부해야 합니다. 믿음의 초보에 머물지 말고 더 깊은 교리를 공부해야 합니다. 모든 성도는 단단한 음식을 먹을 수 있는 장성한 자를 목표로 삼아야 합니다.

요엘 2장은 재난 속에서 하나님께로 돌아올 것을 요구합니다. 메뚜기 떼는 여호와의 날을 경고합니다. 여호와의 날에는 더욱 큰 재앙과 심판이 있을 것입니다. 그러므로 미리 경고를 받고 하나님께로 돌이켜야 합니다. "너희는 이제라도 금식하고 울며 애통하고 마음을 다하여 내게로 돌아오라"(12절). 본문은 경고만 하지 않습니다. 하나님의 성품을 가르칩니다. 하나님은 은혜로우시며 자비로우시며 노하기를 더디 하시며 인애가 크십니다. 우리가 돌이켜 하나님을 찾으면 하나님도 뜻을 돌이켜 재앙을 내리지 않으실 것입니다. 우리를 복되고 풍요롭게 하실 것입니다. 본문은 하나님의 영이 모든 사람들에게 부어지는 때를 예고하며 끝납니다. 그날에 여호와의 이름을 부르는 자는 누구든지 구원을 받을 것입니다. 그날은 우리의 대제사장이신 예수 그리스도께서 오시는 날입니다.

시편 142편은 아무것도 없는 상황에서 하나님께 호소하는 기도입니다. 다윗이 절망 속에서 이렇게 외칩니다. "오른쪽을 살펴보소서 나를 아는 이도 없고 나의 피난처도 없고 내 영혼을 돌보는 이도 없나이다"(4절). 그럴 때가 있습니다. 사람도 없고 돈도 없고 숨을 곳도 없을 때가 있습니다. 그러나 그때에도 하나님은 우리와 함께하십니다. 가장 외로운 순간에 하나님을 찾읍시다. 하나님께서 만나 주실 것입니다.

11월 November 11

열왕기하24장 • 히브리서6장 • 요엘3장 • 시편143편

열왕기하 24장에는 바벨론의 위협을 받는 유다가 나옵니다. 여호야김 시대에 바벨론이 강성해집니다. 여호야김은 3년 동안이나 바벨론에 끌려갔다가 돌아옵니다. 이 모든 일들은 므낫세가 지은 죄 때문에 일어났습니다. 여호야김의 뒤를 이어 여호야긴이 왕이 됩니다. 바벨론의 느부갓네살 왕이 예루살렘을 침공하여 정복합니다. 성전과 왕궁의 모든 보물을 약탈하고 수많은 사람들을 포로로 끌고 갑니다. 예루살렘이 초토화된 것입니다. 느부갓네살은 잡아 온 여호야긴을 대신하여 시드기야를 유다의 왕으로 세웁니다. 그 와중에 시드기야는 하나님 앞에서 악을 행합니다. 히스기야 시대에 했던 예언이 다 이루어졌습니다. 하나님의 말씀은 꼭 이루어집니다. 이 진리를 마음에 새기기를 바랍니다.

히브리서 6장은 하나님은 약속을 꼭 지키신다고 말합니다. 하나님은 아브라함에게 약속하실 때 당신을 가리켜 하셨습니다. 당신보다 더 큰 이가 없기 때문입니다. 아브라함에게 주신 약속은 이것입니다. "내가 반드시 너에게 복 주고 복 주며 너를 번성하게 하고 번성하게 하리라"(14절). 아브라함은 오래 참음으로 이 약속을 받았습니다. 하나님의 뜻은 변하지 않습니다. 하나님은 거짓말을 하실 수 없습니다. 그러므로 하나님의 약속은 반드시 이루어집니다. 이것이 우리의 소망입니다. 그리스도 안에서 우리가 영원한 구원을 받았다는 하나님의 말씀은 결코 변치 않기 때문입니다. 하나님의 말씀에 우리의 소망을 두고 살아갑시다.

요엘 3장은 소망을 예언합니다. 하나님께서 유다를 징계하시기 위해 사용하신 이방 민족이 보복을 받게 될 것입니다. 여호와의 날이 임하면 그들은 심판을 받게 될 것입니다. 반면에 하나님의 백성은 승리를 얻을 것이고 높임을 받을 것입니다. "유다는 영원히 있겠고 예루살렘은 대대로 있으리라"(20절). 심판이 이루어진 것처럼 구원도 반드시 이루어질 것입니다. 하나님의 말씀은 항상 그대로 됩니다.

시편 143편은 원수에게서 건지실 것을 요구하는 기도입니다. 하나님은 악을 심판하시고 선을 구원하십니다. 또한 악인에게 보복하시고 당신의 백성에게 은혜를 베푸십니다. 이것을 믿는 자는 그 일이 속히 일어나기를 기도합니다. 다윗은 그 일이 속히 일어나기를 간절히 기도했습니다. "주의 인자하심으로 나의 원수들을 끊으시고 내 영혼을 괴롭게 하는 자를 다 멸하소서 나는 주의 종이니이다"(12절). 믿음이 있는 자는 말씀을 읽습니다. 그리고 말씀을 믿습니다. 말씀 속에 있는 약속을 모두 믿습니다. 믿기에 또한 기도합니다. 하나님의 약속이 속히 이루어지길 소망하기 때문입니다. 그런 의미에서 말씀과 기도는 믿음의 열매입니다.

11월 November **12**

열왕기하25장 • 히브리서7장 • 아모스1장 • 시편144편

열왕기하 25장은 유다의 멸망을 말합니다. 시드기야왕이 바벨론을 배신합니다. 느부갓네살왕은 군대를 거느리고 예루살렘을 또 다시 정복합니다. 이때 성전이 완전히 파괴됩니다. 남아 있던 백성들도 포로로 끌려갑니다. 이제 유다는 왕 대신에 바벨론 왕 느부갓네살이 파견한 총독 그달리야가 다스립니다. 유다 왕조가 완전한 멸망을 맞이한 것입니다. 본문은 소망의 빛을 남기고 끝냅니다. 다윗 왕조가 완전히 사라진 줄 알았는데, 바벨론에 포로로 끌려간 여호야긴이 남아 있었던 것입니다. 그는 죄수의 옷을 벗고 왕 앞에서 양식을 받아먹습니다. 비록 포로 신분이기는 하나 다윗 왕조가 지속되고 있음을 보여 줍니다. 하나님의 은혜가 다윗 왕조를 보호하고 계신 것입니다.

히브리서 7장은 멜기세덱에 관해 말합니다. 멜기세덱은 살렘 왕이요 지극히 높으신 하나님의 제사장입니다. 그는 여러 왕을 죽이고 돌아오는 아브라함을 만나서 복을 빈 자로 아브라함이 십일조를 바친 왕이기도 합니다. 본문은 그를 의의 왕이요 평강의 왕이라고 말합니다. 또한 부모도 없고 족보도 없고 출생과 죽음의 날도 없이 등장하여 마치 하나님의 아들과 같다고 말합니다. 이 멜기세덱은 레위 족속보다 높은 자입니다. 저자는 예수님께서 바로 이 멜기세덱의 반차를 따르는 제사장이시라고 말합니다. 즉 예수님은 제사장이시기는 하나 레위의 반차를 따르는 제사장이 아니십니다. 레위의 반차보다 더 높고 완전한 반차를 따르십니다. 그러므로 예수님은 더 좋은 언약의 보증이 되십니다. 그분은 거룩하고 악이 없고 더러움이 없고 죄인에게서 떠나 계시고 하늘보다 높이 되신 분이기 때문입니다.

그분은 레위의 반차를 따르는 대제사장들과는 달리 날마다 제사를 드리지 않아도 됩니다. 그분께서 단번에 당신을 드려 이루셨기 때문입니다(27절).

아모스 1장은 이방 국가들의 죄를 나열합니다. 다메섹, 가사, 두로, 에돔, 암몬 등의 죄를 말합니다. 그들의 포악함과 잔인성, 그리고 악함에 관한 것입니다. 본문에서 발견할 수 있는 것은 하나님의 보편적인 정의입니다. 하나님은 이스라엘을 향해서만 잣대를 갖고 계시지 않습니다. 모든 나라, 모든 민족, 모든 사람을 향해 정의라는 잣대를 갖고 계십니다. 하나님은 사람을 가리지 않고 악한 자들을 심판하십니다. 우리는 하나님의 보편적인 정의에 민감해야 합니다. 하나님의 정의는 교회 안에서만 통용되는 것이 아니기 때문입니다.

시편 144편은 인생을 생각하시는 하나님의 은혜를 노래합니다. 다윗이 볼 때 사람은 헛것 같고 그의 인생은 지나가는 그림자 같았습니다. 그런데 영원하신 하나님께서 사람을 알아주시고 인생을 생각하신다니 찬양을 부르지 않을 수 없었습니다. "여호와는 나의 사랑이시요 나의 요새이시요 나의 산성이시요 나를 건지시는 이시요 나의 방패이시니"(2절). 하나님의 은혜를 생각해 봅시다. 하나님의 사랑을 헤아려 봅시다. 우리를 정의의 잣대로만 대하지 않으시고 사랑의 잣대로도 대하시는 하나님을 높여 찬양합시다. "여호와를 자기 하나님으로 삼는 백성은 복이 있도다"(15절).

11월 November 13

역대상1-2장 • 히브리서8장 • 아모스2장 • 시편145편

역대상 1장과 **역대상 2장**은 이스라엘의 족보입니다. 먼저 아담에서 아브라함까지를 말합니다. 그리고 아브라함에서 유다의 족보까지 이어지는데, 그 중간에 이스마엘과 에서의 족보를 언급합니다. 유다의 족보는 다시 다윗까지 이어지고, 그 곁에 갈렙의 족보를 두어서 유다 가문이 어떻게 뻗어 가는지를 기록합니다. 이 족보는 이스라엘 민족의 정체성을 확보하기 위한 것입니다. 멸망을 목격하고 포로 생활을 전전하던 이스라엘 백성들에게 하나님께서 예전부터 그들을 선택하셨고, 하나님께서 여전히 그들을 사랑하고 계심을 알려 주기 위한 것입니다. 비록 지금은 하나님의 징계를 받고 있지만 하나님은 택하신 백성을 끝까지 보존하심을 족보를 통해 알리고자 하는 것입니다. 하나님은 당신의 백성을 끝까지 사랑하십니다.

히브리서 8장은 새 언약을 말합니다. 저자는 요점을 이렇게 말합니다. "지금 우리가 하는 말의 요점은 이러한 대제사장이 우리에게 있다는 것이라"(1절). 자기를 드려 단번에 이루신 영원한 대제사장이 지금 우리에게 있습니다. 그는 예수 그리스도입니다. 예수 그리스도는 유다 족보의 궁극적인 목표가 되십니다. "주께서 이르시되 볼지어다 날이 이르리니 내가 이스라엘 집과 유다 집과 더불어 새 언약을 맺으리라"(8절). 하나님은 이스라엘의 족보 중에 특히 유다 족보를 구별하셔서 예수 그리스도의 계보로 삼으셨습니다. 예수 그리스도는 새 언약의 보증이 되셔서 하나님의 은혜와 사랑을 우리 가운데 영원히 심어 놓으셨습니다. "그날 후에 내가 이스라엘 집과 맺을 언약은 이것이 내 법을 그들의 생각에 두고 그들의 마음에 이것을 기록하리라 나는 그들에게 하나님이 되고 그들은 내게 백성이 되리

라"(10절).

아모스 2장에는 유다와 이스라엘을 향한 하나님의 정의가 나옵니다. 앞서 이방 국가를 향해 정의의 잣대를 세우신 하나님은 유다와 이스라엘의 죄를 말씀하십니다. 유다에게는 율법을 지키지 않은 죄를, 이스라엘에게는 힘없고 가난한 자를 괴롭힌 죄를 지적하십니다. 특히 아모리 사람을 멸하고 가나안 땅을 주셨는데 오히려 하나님을 대적한 점을 맹렬히 비난하십니다. "너희가 나실 사람으로 포도주를 마시게 하며 또 선지자에게 명령하여 예언하지 말라 하였느니라"(12절). 정의의 잣대는 유다와 이스라엘에게도 공평하게 적용됩니다. 하나님께서 그들을 징계하실 것입니다. 성도는 종교적인 죄와 도덕적인 죄에 민감해야 합니다. 하나님께서 죄에 민감하시기 때문입니다.

시편 145편은 주님의 성품과 일하심을 노래합니다. 우리가 눈을 들어 하나님께서 행하신 일을 보고 귀를 열어 하나님의 말씀을 들으면, 하나님을 찬양하지 않고는 견딜 수가 없을 것입니다. 하나님은 참으로 위대하신 분이고 진정으로 영광스러운 분이시기 때문입니다. 무엇보다 하나님은 은혜로우시며 긍휼이 많으시며 노하기를 더디 하시며 인자하심이 크십니다. 그러므로 우리는 주의 백성답게 주께서 행하신 일을 높여야 합니다. 주의 나라를 찬양해야 합니다. 주의 의로움을 노래해야 합니다. 주께 부르짖고 주를 송축해야 합니다.

11월 November 14

역대상3-4장 • 히브리서9장 • 아모스3장 • 시편146-147편

역대상 3장과 **역대상 4장**에는 다윗과 솔로몬의 족보가 나옵니다. 그리고 시므온의 아들들이 나옵니다. 다윗의 족보는 포로기 시절까지 이어집니다. 다윗 왕조는 멸망했지만 다윗의 혈통은 끊어지지 않았음을 보여 줍니다. 다윗의 집을 영원히 세우시겠다는 하나님의 약속을 기억하고 있던 이스라엘 백성들은 이 족보를 통해 다시 한 번 하나님의 약속을 확신했을 것입니다. 다윗의 족보만 그런 것이 아닙니다. 시므온의 족보에서도 우리는 하나님의 약속을 확신할 수 있습니다. "이 명단에 기록된 사람들이 유다 왕 히스기야 때에 가서 그들의 장막을 쳐서 무찌르고 거기에 있는 모우님 사람을 쳐서 진멸하고 대신하여 오늘까지 거기에 살고 있으니 이는 그들의 양 떼를 먹일 목장이 거기에 있음이며"(4:41). 본문은 이스라엘 열두 지파 중에 한 지파가 여전히 망하지 않고 존속하고 있으며, 또한 야곱이 시므온에게 했던 예언이 성취되었음을 말해 줍니다. 신실하신 하나님께서 계속해서 이스라엘 열두 지파를 붙들고 계신 것입니다.

히브리서 9장은 새 언약의 중보자이신 예수 그리스도를 말합니다. 첫 언약에 속한 모든 것이 예수 그리스도 안에서 온전해졌습니다. 염소와 송아지의 피가 예수님의 피로 바뀌어 영원한 속죄를 이루었습니다. 우리는 이제 염소와 송아지의 피를 반복해서 뿌리지 않아도 됩니다. 예수 그리스도는 당신 자신을 단번에 제물로 드려 우리의 죄를 영원히 없애셨습니다. 첫 언약에 속한 것들은 새 언약의 중보자가 되시는 예수 그리스도로 말미암아 온전해졌으니 더 이상 필요가 없습니다. 우리는 오직 예수 그리스도를 붙들고 영원한 구원으로 들어가면 됩니다. 신실하신 하나님은 예수 그리

스도를 통해 우리를 영원토록 붙드시기 때문입니다.

아모스 3장은 이스라엘을 향한 징계 예고입니다. 하나님은 땅의 모든 족속 가운데 이스라엘만 아셨습니다(2절). 오직 이스라엘을 사랑하시고 보호하시고 그들에게 복을 주셨다는 뜻입니다. 그런데 이스라엘은 하나님의 사랑에 반역으로 응했습니다. 이스라엘이 징계를 받을 수밖에 없는 이유입니다. 하나님은 사마리아성이 약탈당할 것이라고 예언하십니다. 우리는 하나님과 동행하는 방법을 배워야 합니다. 마치 이스라엘이 출애굽 후에 광야에서 하나님과 함께 걷는 방법을 배웠듯이 우리도 그것을 배워야 합니다. 뜻이 같지 않으면 동행할 수 없기 때문입니다(3절). 하나님의 뜻에 맞추어 인생길을 걷는 것이 진정으로 형통하는 방법입니다.

시편 146편은 사람이 아니라 하나님을 의지하라고 말합니다. 사람을 의지하는 것은 어리석습니다. 사실 그에게는 능력이 없기 때문입니다. 하나님을 자기의 도움으로 삼고 하나님께 자기의 소망을 두는 자는 복이 있습니다. 하나님은 정의롭고 능력이 있는 분이시기 때문입니다. "억눌린 사람들을 위해 정의로 심판하시며 주린 자들에게 먹을 것을 주시는 이시로다 여호와께서는 갇힌 자들에게 자유를 주시는도다"(146:7). **시편 147편**은 자기 재능이 아니라 하나님을 의지하라고 말합니다. 하나님은 상한 자를 고치시고 상처 난 자를 치유하십니다. 하나님은 온 세상에 능력을 불어넣으시고 생물들을 먹이십니다. 그러므로 하나님을 경외하고 의지하는 자가 복을 얻습니다. "여호와는 말의 힘이 세다 하여 기뻐하지 아니하시며 사람의 다리가 억세다 하여 기뻐하지 아니하시고"(147:10). 하나님의 인자하심을 바랍시다. 하나님의 도우심을 구합시다. 하나님의 말씀대로 살아갑시다.

역대상 5장과 **역대상 6장**에는 르우벤의 족보, 갓의 족보, 므낫세 반 지파의 족보, 그리고 레위의 족보가 나옵니다. 르우벤과 갓과 므낫세 반 지파는 요단 동쪽에 터전을 잡은 지파들입니다. 본문은 각 지파의 역사를 기록해서 후손들이 교훈을 얻게 하는 것에 목적이 있습니다. 특히 므낫세 반 지파가 승리한 전쟁을 주목해야 합니다. 승리의 이유를 이렇게 말하기 때문입니다. "이는 그들이 싸울 때에 하나님께 의뢰하고 부르짖으므로 하나님이 그들에게 응답하셨음이라"(5:20). 하나님께 부르짖는 자는 응답을 받습니다. 승리를 얻습니다. 레위의 족보는 가장 긴 분량을 차지합니다. 훗날 예루살렘 성전이 회복되면 레위 사람들이 거룩한 일을 계속해야 하기 때문입니다. 그러므로 거룩한 계보가 반드시 지켜져야 했습니다. 성전으로 상징되는 거룩한 일은 이스라엘의 정체성 그 자체입니다. 우리는 역사를 통해 얻어야 할 교훈은 얻어야 하고 지켜야 할 전통은 지켜야 합니다. 교회사를 공부해야 하는 이유입니다. 또한 개인의 인생사도 돌아보아야 합니다.

히브리서 10장은 영원한 제물이 되시는 예수 그리스도를 설명합니다. 그리스도께서 오시기 전에는 해마다 제사를 드렸습니다. 황소와 염소의 피를 통해 속죄를 행하였으나 그것은 능히 모든 죄를 사할 수가 없었습니다. 그리스도 이전의 율법이나 제사는 단지 장차 올 좋은 일의 그림자였을 뿐입니다. 율법이나 제사가 그림자였다면 그리스도는 참 형상이 되십니다. 그리스도는 당신의 몸을 단번에 드리심으로 우리로 하여금 거룩함을 얻게 하셨습니다(10절). 우리는 다시 죄를 위하여 제사를 드리지 않아도 됩니다. 그러므로 이제 우리는 그리스도 안에서 담대히 하나님 앞에 나아갈 수 있습니다. 그리스도를 통해 마음은 악한 양심으로부터 벗어나고 몸은 맑은 물로 씻음을 받았기 때문입니다. 그러므로 그리스도를 굳건히 붙들고 우리 믿는 도리의 소망으로 삼읍시다. 서로 돌아보아 사랑과 선행을 격려하며 열심히 모여서 그날을 기다립시다.

아모스 4장은 이스라엘의 각종 범죄를 말합니다. 먼저 사치스러운 이스라엘 여인들의 탐욕을 말합니다. 사마리아의 산에 있는 바산의 암소들은 지도층의 여인들을 뜻합니다. 그들은 사치를 위하여 가난한 자를 압제하였습니다. 벧엘에 있는 금송아지 숭배도 지속되고 있었습니다. 무엇보다 경고를 받아 놓고도 회개하지 않았습니다. 하나님은 양식이 떨어지게도 하시고 기근이 들게도 하시고 전염병을 보내기도 하시고 전쟁의 참화를 겪게 하시기도 했지만 그들은 끝까지 돌아오지 않았습니다. 심지어 성읍 중의 하나를 소돔과 고모라같이 심판하셨는데도 하나님께 돌아오지를 않았습니다. 결국 그들은 심판하시는 하나님을 만나게 될 것입니다. 경고를 받읍시다. 돌아오라는 요청을 들읍시다. 자기 핑계와 변명으로 일관하지 말고 하나님의 말씀에 비추어 온갖 죄악들을 발견하고 회개합시다.

시편 148-150편은 창조주시요 전능자이신 하나님을 찬양합니다. 하나님은 모든 것을 지으시고 다스리십니다. 해와 달도 하나님을 찬양합니다. 하늘의 하늘도 하나님을 찬양하고 모든 생물과 자연도 하나님을 찬양합니다. 하나님은 당신의 백성을 창조하셨습니다. 그러므로 성도들은 마땅히 하나님을 찬양해야 합니다. "성도들은 영광 중에 즐거워하며 그들의 침상에서 기쁨으로 노래할지어다"(149:5). 하나님의 능하신 행동으로 말미암아 찬양하고 하나님의 지극히 위대하심으로 말미암아 찬양합시다. 우리의 모든 것을 들어 그분을 찬양합시다. 할렐루야.

역대상 7장과 역대상 8장에는 잇사갈의 족보, 베냐민의 족보, 납달리의 족보, 므낫세의 족보, 에브라임의 족보, 아셀의 족보 등이 나옵니다. 여기에서 중요하게 다루고 있는 것은 베냐민의 족보입니다. 베냐민 지파는 두 가지 면에서 중요합니다. 첫째, 베냐민 지파에서 초대 왕 사울이 나왔습니다. 둘째, 베냐민 지파의 거주지가 예루살렘이었습니다. 남유다는 유다 지파와 베냐민 지파로 이루어졌기 때문에 본문은 베냐민 지파에 많은 분량을 할애하고 있습니다. 실제로 예루살렘 재건 시에 베냐민 지파는 중요한 역할을 감당합니다. 베냐민의 족보를 마지막으로 족보 단락은 끝이 납니다. 앞서 말한 것처럼, 족보는 민족의 정체성을 확보하고 역사에서 교훈을 얻게 하고자 하는 목적이 있습니다. 이스라엘의 열두 지파를 친히 만드신 하나님께서 그들을 친히 지키실 것이라는 믿음을 갖게 하는 것입니다.

히브리서 11장은 믿음의 족보입니다. 믿음의 조상들이 어떤 믿음을 보였는지를 말합니다. 이 기록은 독자들에게 참된 믿음이 무엇인지를 가르치고자 하는 데 목적이 있습니다. 아벨, 에녹, 노아, 아브라함, 사라, 이삭, 야곱, 요셉, 모세, 라합 등을 언급합니다. 그 외에도 믿음의 조상인 기드온, 바락, 삼손, 입다, 다윗, 사무엘 등을 언급하면서 믿음으로 나라들을 이기고, 믿음으로 의를 행하고, 믿음으로 약속을 받기도 하고, 믿음으로 사자들의 입을 막기도 한 사건을 말합니다. 또한 믿음으로 이루어 낸 수많은 사건들을 말합니다. 믿음의 족보를 언급하고 있는 이유는 이렇습니다. "믿음이 없이는 하나님을 기쁘시게 하지 못하나니 하나님께 나아가는 자는 반드시 그가 계신 것과 또한 그가 자기를 찾는 자들에게 상 주시는 이심을 믿어야 할지니라"(6절). 믿음이 없이는 하나님을 기쁘시게 할 수 없습니다. 우리는 하나님을 믿어야 합니다. 하나님의 약속도 믿어야 합니다. 믿음이 있는 자는 세상이 보지 못하는 것을 봅니다. 그래서 세상과 다르게 살 뿐만 아니라 세상이 감당할 수 없는 삶을 삽니다.

아모스 5장은 살길을 알려 주시는 하나님의 말씀입니다. 하나님의 진노가 크게 일어나고 하나님의 징계가 임박한 시점에도 하나님은 항상 살길을 주십니다. 하나님은 은혜로우시고 자비로우시며 노하기를 더디 하시고 인자하심이 크시기 때문입니다. 살길은 이것입니다. "너희는 나를 찾으라 그리하면 살리라"(4절). 하나님께서 수없이 말씀하신 것입니다. 하나님을 찾으면 됩니다. 우상을 버리고 하나님을 의지하면 됩니다. 하나님께서 말씀하신 대로 살고 하나님의 정의를 세우면 됩니다. 하나님을 향한 믿음을 가지고 하나님의 뜻대로 하면 됩니다. "오직 정의를 물같이, 공의를 마르지 않는 강같이 흐르게 할지어다"(24절).

누가복음 1장 1-38절은 예수 그리스도의 탄생을 말합니다. 누가복음은 데오빌로에게 쓴 편지입니다. 누가는 세례 요한의 탄생부터 차근차근 말합니다. 세례 요한은 예수님의 탄생을 준비하는 선지자입니다. 하나님은 천사를 통해 그의 탄생을 예고합니다. 그리고 여섯 달 후에는 예수 그리스도의 탄생을 예고합니다. 예수님은 지극히 높으신 하나님의 아들이시요 다윗의 왕위를 하나님께 받은 자이십니다. 이 놀랍고 신비로운 소식에 마리아가 놀랍니다. 그러나 마리아는 하나님의 모든 말씀은 능하지 못하심이 없다는 천사의 말을 듣고 이렇게 말합니다. "주의 여종이오니 말씀대로 내게 이루어지이다"(38절). 하나님의 말씀을 믿음으로 받은 마리아는 예수 그리스도의 어머니가 됩니다. 하나님의 모든 말씀은 이루지 못하는 것이 없습니다. 그러므로 우리도 마리아와 같이 고백하는 삶을 삽시다. 말씀이 나에게 그대로 이루어질 것을 믿읍시다.

역대상 9장과 **역대상 10장**은 포로 생활에서 돌아온 사람들의 명단과 사울 왕에 관한 이야기입니다. 온 이스라엘이 그 계보대로 계수되어 이스라엘 왕조실록에 기록됩니다(9:1). 그리고 이제는 포로 생활에서 돌아와 예루살렘에 정착한 사람들의 명단을 기록합니다. 예루살렘이 다시 하나님의 백성들로 채워진 것입니다. 예루살렘의 회복을 상징합니다. 그리고 이 시점에서 이스라엘 왕조의 역사를 기술하기 시작합니다. 가장 먼저 사울왕이 등장합니다. 사울왕 이야기는 블레셋과의 전쟁에서 그가 사망한 것으로 끝납니다. 저자는 사울이 죽은 것이 여호와께 범죄하였기 때문이라고 말합니다(10:13). 사울왕의 죽음과 그 가문의 멸망은 역대기의 독자에게 분명한 교훈을 줍니다. 여호와께 범죄한 사람은 망한다는 것입니다. 우리는 이 교훈 앞에서 다시 한 번 마음을 다잡아야 합니다. 역사를 통해 배우지 못하면 소망이 없기 때문입니다.

히브리서 12장은 하나님께서 주시는 사랑의 징계가 무엇인지를 가르칩니다. 우리는 확고한 약속을 붙들고 있지만 우리에게는 여전히 경주가 남아 있습니다. 그러므로 우리는 예수님을 바라보며 힘써 싸워 나가야 합니다. 그러나 때로는 하나님의 권면을 잊고 제멋대로 행합니다. 그럴 때 하나님은 아들과 같이 우리를 꾸짖으십니다. 징계를 하시기도 합니다. 이 징계는 우리의 유익을 위한 것입니다. 그러므로 우리는 징계를 당할 때 더욱 복종해야 합니다. "무릇 징계가 당시에는 즐거워 보이지 않고 슬퍼 보이나 후에 그로 말미암아 연단 받은 자들은 의와 평강의 열매를 맺느니라"(11절). 그러나 끝까지 회개하지 않고 악행을 거듭하는 자에게는 심판이 찾아올 것입니다. 우리 하나님은 소멸하는 불이시기 때문입니다. 본문이 말하고 있는 것처럼, 경건함과 두려움으로 하나님을 기쁘시게 섬깁시다.

아모스 6장은 교만한 자에게 임하는 하나님의 진노입니다. 본문은 시온의 교만을 지적합니다. 특히 지도자들의 교만을 말합니다. 하나님은 갈레와 하맛과 가드와 비교하며 이스라엘의 교만을 꼬집습니다. 그들보다도 못하면서 잘난 척을 했기 때문입니다. 또한 그들의 사회는 매우 몰상식했습니다. 말들이 바위 위로 달리고 소가 바위 위에서 밭을 갑니다. 정의를 쓸개로 바꾸고 공의의 열매를 쓴 쑥으로 바꿉니다. 몰상식과 무모함이 팽배한 당시 사회를 묘사하고 있습니다. 무엇보다 가치관의 혼란이 극에 달해 있습니다. 결국 하나님은 그들이 사로잡히는 자 중에 앞서 사로잡힐 것이라고 말씀하십니다. 포로가 된다는 것입니다. 하나님은 이스라엘이 징계를 받아서 겸손해지기를 원하십니다. 하나님의 질서를 받아서 복종하기를 원하십니다. 하나님의 징계는 비틀어진 것을 바로잡는 수단입니다.

누가복음 1장 39-80절은 하나님의 뜻이 성취되는 장면입니다. 예고된 대로 엘리사벳이 임신합니다. 엘리사벳의 집에 방문하여 이것을 목격한 마리아는 하나님을 높여 찬양합니다. 특히 교만한 자들을 흩으시고 비천한 자들을 높이시는 하나님을 찬양합니다. 드디어 엘리사벳이 출산합니다. 이때 그 아이의 아버지인 사가랴가 성령이 충만하여 다윗의 집에 구원의 뿔을 일으키시는 하나님을 찬양합니다. 하나님의 말씀은 반드시 성취됩니다. 심판에 대한 말씀도 성취되지만 구원에 대한 말씀도 성취됩니다. 사람들의 반역과 부패에 진노하셨음에도 하나님은 구원을 약속하셨고 그것을 이루셨습니다. 이것을 진정으로 믿는 자는 하나님을 찬양할 수밖에 없습니다. 구원을 주시는 우리 하나님의 긍휼을 찬양합시다.

11월 November 18

역대상11-12장 • 히브리서13장 • 아모스7장 • 누가복음2장

역대상 11장과 **역대상 12장**은 다윗 왕조의 형성 과정을 보여 줍니다. 다윗이 왕이 됩니다. 그리고 여부스 주민을 치고 예루살렘에 성을 만듭니다. 저자는 만군의 여호와께서 함께 계시니 다윗이 점점 강성해진다고 말합니다(11:9). 특히 다윗 휘하에 있는 용사들의 활약상과 각 지파에서 다윗을 도운 용사들의 활약상을 기록해서 다윗의 강성함을 표현합니다. 사울은 하나님께 범죄하여 멸망을 당했지만, 다윗은 하나님께서 함께 계셔서 강성해졌습니다. 이 극명한 비교를 통해 우리는 하나님을 향한 믿음을 요청받습니다. 본문은 하나님께서 함께하시면 복을 얻음을 반복해서 말합니다. 하나님께서 함께하시면 형통합니다. 믿음이 있는 자는 이 간단한 진리를 붙들고 삽니다.

히브리서 13장은 믿음으로 사는 삶을 말합니다. 다양한 권면이 나옵니다. 손님을 대접해야 합니다. 학대받는 자를 생각해야 합니다. 결혼을 귀히 여겨야 합니다. 돈을 사랑하지 말아야 합니다. 다른 교훈에 끌리지 말아야 합니다. 그리스도와 같이 우리도 치욕을 짊어지고 기꺼이 영문 밖으로 나가야 합니다. 선을 행하고 서로 나누어 주어야 합니다. 우리를 인도하는 자들에게 순종하고 복종해야 합니다. 믿음으로 이 교훈을 따라 살아가는 자에게는 하나님께서 큰 은혜를 주실 것입니다.

아모스 7장에는 경고와 심판의 환상이 나옵니다. 먼저 메뚜기 환상과 불 환상은 경고입니다. 메뚜기가 땅의 풀을 집어삼키고 불이 바다와 육지를 불태울 때 아모스의 간청을 들은 하나님께서 뜻을 돌이키십니다. 반면에

다림줄 환상은 심판입니다. “내가 다림줄을 내 백성 이스라엘 가운데 두고 다시는 용서하지 아니하리니”(8절). 그때 벧엘의 제사장 아마샤가 아모스를 이스라엘의 왕 여로보암에게 고발합니다. 아모스의 예언을 받아들이지 않은 것입니다. 아모스는 그에 맞서 자신의 예언이 하나님께 왔다는 사실을 강조합니다. “나는 선지자가 아니며 선지자의 아들도 아니라 나는 목자요 뽕나무를 재배하는 자로서 양 떼를 따를 때에 여호와께서 나를 데려다가 여호와께서 내게 이르시기를 가서 내 백성 이스라엘에게 예언하라 하셨나니”(14-15절). 하나님께서 보내신 선지자의 경고를 받아들이지 않는 것은 하나님을 무시하는 것과 다르지 않습니다. 경고를 무시하는 자에게 남은 것은 심판뿐입니다.

누가복음 2장은 예수님의 탄생과 어린 시절을 말합니다. 가이사 아구스도의 영을 따라 모든 사람이 호적하러 고향으로 갑니다. 요셉도 마리아와 함께 베들레헴에 갑니다. 그리고 그곳에서 예수님을 낳습니다. 목자들이 천사들의 인도를 따라 예수님께 경배하고 시므온은 성령의 감동으로 예수님을 축복합니다. 예수님께서 12살이 되십니다. 유월절 관례를 따라 예루살렘에 가셨는데, 그곳에서 선생들과 함께 듣기도 하고 묻기도 합니다. 모든 사람들이 예수님의 지혜에 놀랍니다. 본문은 예수님께서 자라시면서 지혜가 충만하고 하나님의 은혜가 그분과 함께 있다고 전합니다. 예수님은 모든 사람과 동일하게 출생하셨고 성장하셨습니다. 완전한 사람으로 이 땅에 오셨습니다. 동시에 그리스도로 이 땅에 오셨습니다. 목자들의 경배를 받으시고 시므온의 축복을 받으시며 이 땅에서 행할 일을 드러내셨습니다. 예수 그리스도의 탄생은 모든 사람의 소망입니다. 심판밖에 없는 인류의 운명에 구원과 생명의 소식을 가져오셨기 때문입니다.

11월 November 19

역대상13-14장 • 야고보서1장 • 아모스8장 • 누가복음3장

역대상 13장과 **역대상 14장**은 다윗 왕조의 형성을 말합니다. 하나님께서 함께 계심으로 형통하게 된 다윗은 하나님의 궤를 옮겨 올 계획을 세웁니다. 그런데 중간에 사고가 납니다. 하나님의 궤를 나르던 웃사가 소들이 날뛸 때 그 궤를 손으로 만졌다가 하나님 앞에서 죽은 것입니다. 하나님의 임재와 거룩을 상징하는 궤를 사람이 함부로 다루었기 때문입니다. 하나님은 거룩하십니다. 사람이 조작하거나 통제할 수 없습니다. 다윗은 오벧에돔의 집에 이 궤를 잠시 맡겨 놓습니다. 하나님의 궤를 옮기지는 못했지만, 다윗은 하나님께서 자신을 왕으로 삼으신 줄 깨닫습니다. 이유는 이렇습니다. "이는 그의 백성 이스라엘을 위하여 그의 나라가 높이 들림을 받았음을 앎이었더라"(14:2). 두로 왕 히람이 자발적으로 재료와 사람을 보내 궁전을 건축해 주었고, 그는 블레셋과의 전쟁에서 백전백승을 거두었습니다. 다윗의 승리는 곧 하나님의 승리였습니다. "다윗의 명성이 온 세상에 퍼졌고 여호와께서 모든 이방 민족으로 그를 두려워하게 하셨더라"(14:17). 하나님께서 함께 계시면 복을 얻고 형통함을 얻습니다. 하나님과 함께하면 승리를 얻고 평안을 얻습니다. 본문은 하나님의 백성이 어떻게 살아야 하는지를 가르치고 있습니다. 거룩하신 하나님을 사랑하고 그분과 함께 있기를 소망합시다. 하나님께서 우리 삶을 책임져 주실 것입니다.

야고보서 1장은 시험을 이기고 말씀을 행하라는 권면입니다. 복음 안에 거하는 사람들은 복음에 합당한 삶을 살아야 합니다. 하나님과 함께 있고자 하는 사람은 하나님의 뜻에 맞게 살아야 합니다. 야고보는 믿음은 삶의 열매를 내놓는다는 진리를 강조합니다. 때때로 찾아오는 시험 앞에서 우리는 믿음을 더욱 단련해야 합니다. 그것이 시험의 목적이기 때문입니다.

"너희 믿음의 시련이 인내를 만들어 내는 줄 너희가 앎이라"(3절). 시험을 참는 자에게는 복이 있습니다. 또한 믿음에 걸맞은 행동을 해야 합니다. 말씀을 듣기만 하고 행하지 않으면 자신을 속이는 자가 되는 것입니다. 경건은 생각이나 감정에 머물러 있지 않고 구체적인 행동으로 드러납니다. "하나님 아버지 앞에서 정결하고 더러움이 없는 경건은 곧 고아와 과부를 그 환난 중에 돌보고 또 자기를 지켜 세속에 물들지 아니하는 그것이니라"(27절).

아모스 8장은 여름 과일 한 광주리 환상입니다. 여름 과일은 보관할 수 없습니다. 빨리 먹지 않으면 상합니다. 마치 그런 것처럼 종말이 임박했음을 뜻합니다. 본문은 종말의 원인이 인애가 사라진 불의한 사회적 타락이라고 말합니다. "가난한 자를 삼키며 땅의 힘없는 자를 망하게 하려는 자들아 이 말을 들으라"(4절). 그들은 거짓 저울로 가난한 자를 속여 착취하고자 합니다. 하나님은 이 악한 행위를 가만히 지켜보지 않으십니다. 기근을 보내실 것입니다. 하나님의 말씀이 없는 기근입니다. 종교적인 타락과 사회적인 타락은 서로 연결되어 있습니다. 하나님을 사랑하지 않는 자는 이웃도 사랑하지 않습니다. 가난하고 약한 자들을 무시하고 학대하는 자가 하나님 앞에서 신실할 수는 없습니다. 하나님 아버지 앞에서 정결하고 더러움이 없는 경건은 고아와 과부를 돌보는 것을 포함합니다.

누가복음 3장에는 예수님의 족보가 나옵니다. 전반부에는 세례 요한의 사역이 나옵니다. 본문은 정치 지도자, 종교 지도자를 쭉 나열한 후에 하나님의 말씀이 세례 요한에게 임했다고 말합니다. 세례 요한은 요단강 근처에서 회개의 세례를 전파합니다. 세례 요한은 예수 그리스도께서 가실 길을 준비합니다. 본문은 예수님으로 시작해서 아담, 그리고 하나님에게까지 올라가는 족보를 말합니다. 하나님께서 온 인류의 아버지시요 예수님께서 온 인류의 구원자이심을 보여 줍니다.

역대상 15장은 하나님의 궤를 예루살렘으로 옮기는 내용입니다. 다윗이 하나님의 궤를 보관할 장막을 만듭니다. 그리고 지난번의 잘못을 만회하기 위해 이렇게 말합니다. "레위 사람 외에는 하나님의 궤를 멜 수 없나니 이는 여호와께서 그들을 택하사 여호와의 궤를 메고 영원히 그를 섬기게 하셨음이라"(2절). 하나님의 궤를 소가 끌게 한 것이 잘못임을 알게 된 것입니다. "전에는 너희가 메지 아니하였으므로 우리 하나님 여호와께서 우리를 찢으셨으니 이는 우리가 규례대로 그에게 구하지 아니하였음이라"(13절). 레위 사람들이 오벧에돔의 집에서 하나님의 궤를 다윗성으로 나릅니다. 다윗은 기뻐하며 춤을 춥니다. 하나님께서 함께하신다는 상징이었기 때문입니다. 하나님은 거룩하십니다. 사람이 마음대로 조작하거나 통제할 수 없습니다. 하나님께서 주신 규례대로 하나님을 대하지 않는 것은 하나님을 경시하는 것입니다. 오늘날에도 마찬가지입니다. 우리는 하나님의 말씀대로 하나님을 예배하고 하나님의 말씀대로 하나님께 나아가야 합니다. 우리의 정성보다 하나님의 뜻이 훨씬 더 중요합니다.

야고보서 2장은 행함이 있는 믿음만이 참된 믿음이라고 가르칩니다. 하나님을 향한 믿음은 반드시 구체적인 행동을 동반합니다. 특히 하나님 사랑과 이웃 사랑은 긴밀히 연결됩니다. 야고보는 교회 안에 존재하는 차별대우가 얼마나 잘못된 행동인지를 말합니다. 부유함의 정도를 가지고 서로 차별하는 것은 악합니다. 우리에게 정말로 믿음이 있다면 사랑이라는 행위가 꼭 있어야 합니다. "만일 사람이 믿음이 있노라 하고 행함이 없으면 무슨 유익이 있으리요 그 믿음이 능히 자기를 구원하겠느냐"(14절). 그러면서 예를 듭니다. 형제나 자매가 헐벗고 굶주리고 있는데, 말로만 따뜻하게 하고 배부르게 하라고 하는 것은 아무 유익이 없습니다. 정말로 하나님을 향한 믿음이 있다면 이웃을 향한 구체적인 사랑의 실천이 있어야 합니다. 행함이 없는 믿음은 죽은 믿음입니다.

아모스 9장은 범죄한 나라를 멸하되 야곱의 집은 온전히 멸하지 않겠다고 말합니다. 하나님은 기둥머리를 쳐서 성전을 파괴하시겠다고 말씀하십니다. 도망가는 자들을 다 찾아내서 심판을 받게 하시겠다고도 말씀하십니다. 하나님은 온 세상을 통치하시는 만군의 왕이시기 때문입니다. 범죄한 나라는 모두 망하게 될 것입니다. 그러나 하나님께서 야곱의 집은 온전히 멸하시지 않겠다고 말씀하십니다. 여호와의 날에 다윗의 무너진 장막을 일으키실 것이기 때문입니다. 심판 뒤에 회복을 약속하고 계십니다. 거룩하신 하나님을 두려워합시다. 또한 긍휼이 많으신 하나님을 가까이 합시다. 이 두 가지는 하나님을 대하는 성도의 마땅한 태도입니다.

누가복음 4장에는 광야 시험을 통과한 예수님의 사역들이 나옵니다. 예수님께서 광야에서 40일 동안 금식하신 후에 마귀에게 시험을 받으십니다. 마귀의 시험은 사람들이 통과하지 못한 유혹들입니다. 그러나 예수님은 말씀을 의지하여 이 시험을 이겨 내십니다. 예수님의 승리는 곧 우리의 승리입니다. 우리 스스로는 마귀의 시험을 통과하지 못하지만, 예수 그리스도 안에 있는 우리는 예수님과 함께 마귀의 시험을 통과한 것입니다. 그리스도 안에 있는 자에게는 그리스도의 모든 승리가 곧 자신의 것이 됩니다. 광야 시험을 통과한 예수님은 본격적인 사역을 시작하십니다. 가르치시고 고치시고 전하십니다. 곳곳에 하나님 나라의 영광과 풍요와 복을 보여 주고 계신 것입니다. 본문을 통해 예수님과 함께 임한 하나님 나라가 얼마나 좋은지를 확인해 보십시오.

11월 November 21

역대상16장 • 야고보서3장 • 오바댜1장 • 누가복음5장

역대상 16장에는 하나님의 궤를 맞이한 다윗의 제사와 찬양이 나옵니다. 하나님의 궤를 맞이한 다윗은 기뻐서 어쩔 줄을 모릅니다. 먼저 번제와 화목제를 드리고 온 백성들에게 먹을 것을 나눠 줍니다. 백성들이 이 기쁨에 참여하게 한 것입니다. 그리고 시를 지어 하나님을 찬양합니다. 그리고 아삽과 그의 형제를 그 궤 앞에서 섬기게 하고 오벧에돔과 그의 형제를 문지기로 삼습니다. 매일 아침과 저녁에 감사제를 드립니다. 하나님께서 이스라엘 중에 거하신다는 것이 얼마나 큰 일인지 다윗은 알았습니다. 하나님께서 우리와 함께하신다는 사실만큼 큰일은 없습니다. 창조주 하나님께서 당신이 창조하신 작은 존재 속에 섞여 계신다는 사실만큼 놀라운 일이 어디에 있겠습니까? 그 사실 자체가 복음입니다. 오늘날에는 예수 그리스도로 말미암아 우리 가운데 늘 함께하시니 이 얼마나 감사한 일입니까? 다윗과 같은 심정으로 매일 하나님께 찬양하고 예배합시다.

야고보서 3장은 언어의 중요성을 말합니다. 행함이 있는 믿음에서 언어는 매우 중요한 요소입니다. 죽이는 말만 하면서 행함이 있는 믿음을 가지고 있다고 말해서는 안 됩니다. 우리는 자기의 혀를 길들여야 합니다. 물론 쉬운 일은 아닙니다. 그러나 한 우물에서 단 물과 쓴 물이 동시에 나올 수 없는 것처럼 한 입에서 찬송과 저주가 동시에 나올 수는 없습니다. 진정한 믿음을 가지고 있는 사람은 자기의 혀를 길들여 갑니다. 이것은 관계에서 증명됩니다. 혀를 길들이지 않는 사람은 거짓말과 자랑하는 말을 합니다. 그것은 다툼을 일으킵니다. 반면에 혀를 길들여 가는 사람은 화평하게 하는 말을 합니다. 위로부터 난 지혜를 따릅니다. 그는 의의 열매를 거두게 될 것입니다.

오바댜 1장은 에돔 족속을 향한 하나님의 심판을 말합니다. 에돔이 심판을 받는 가장 큰 이유는 이것입니다. "네가 네 형제 야곱에게 행한 포학으로 말미암아 부끄러움을 당하고 영원히 멸절되리라"(10절). 형제지간이었던 이스라엘이 큰 재앙을 당할 때 오히려 다른 국가와 함께 약탈을 한 악한 행위로 말미암아 하나님의 심판을 받게 된 것입니다. 그들은 높은 곳에 위치한 자기들의 성을 믿었지만, 하나님은 그들을 거기에서 끌어내리실 것이라고 말씀하십니다. 모든 재물이 약탈당할 것이고 주변 국가로부터 배신당할 것이며 지혜 있는 자들이 사라질 것입니다. 여호와의 날에는 만국이 심판당할 것이고 이스라엘이 구원을 얻을 것입니다. 본문은 성도에게 믿음의 인내를 가르칩니다. 세상 속의 그리스도인으로 살 때 우리는 종종 조롱과 핍박을 받습니다. 세상에 힘이 있고 명예가 있고 영광이 있는 것처럼 보일 때도 있습니다. 그러나 궁극적인 힘과 명예와 영광은 하나님 나라에 있습니다. 그것을 믿고 인내하며 끝까지 하나님 나라에 걸맞은 삶을 살아야 합니다.

누가복음 5장은 계속해서 하나님 나라의 영광과 풍요와 복을 보여 줍니다. 예수님께서 나병환자와 중풍병자를 고치십니다. 하나님 나라에는 질병이 없을 것인데 예수님께서 그것을 미리 보여 주고 계신 것입니다. 그리고 하나님 나라에 속할 제자들을 부르십니다. 어부였던 시몬과 세리였던 레위가 제자로 부르심을 받습니다. 세리를 죄인 취급하던 당시 문화 속에서 예수님은 자기의 정체를 밝히십니다. "건강한 자에게는 의사가 쓸 데 없고 병든 자에게라야 쓸 데 있나니 내가 의인을 부르러 온 것이 아니요 죄인을 불러 회개시키러 왔노라"(31-32절). 우리 가운데 오셔서 하나님 나라를 보여 주고 계신 예수님을 보십시오. 그분의 사역을 보십시오. 그분의 말씀을 들어 보십시오. 믿음과 소망이 생겨날 것입니다.

11월 November 22

역대상17장 • 야고보서4장 • 요나1장 • 누가복음6장

역대상 17장에는 다윗 언약이 나옵니다. 하나님께서 다윗과 언약을 맺으십니다. 하나님의 일방적인 언약입니다. 다윗을 이스라엘의 주권자로 삼으시고 그와 항상 함께하시며 한 왕조를 세우시겠다는 약속입니다. 특히 다윗의 아들 중 하나를 세우시고 하나님께서 그의 아버지가 되시고 그는 하나님을 아버지로 삼는 관계를 맺으시겠다고 말씀하십니다. "내가 영원히 그를 내 집과 내 나라에 세우리니 그의 왕위가 영원히 견고하리라"(14절). 다윗은 하나님께 감사 기도를 합니다. 다윗 언약의 궁극적인 대상은 예수 그리스도입니다. 하나님은 다윗의 자손 중에 그리스도를 일으키시고 그분으로 영원한 나라의 왕이 되게 하실 것입니다. 그리고 그리스도께 속한 모든 자들이 그리스도처럼 하나님을 아버지로 삼고 복을 누리게 될 것입니다. 하나님의 약속은 지금까지 그러했던 것처럼 반드시 이루어질 것인데, 이 약속을 지금 우리는 맛보고 있습니다.

야고보서 4장은 하나님을 향한 믿음과 형제를 향한 믿음에 관한 교훈입니다. 하나님을 향한 믿음은 하나님을 대하는 우리의 태도를 바꿉니다. 하나님 앞에서 겸손해집니다. 하나님께 복종합니다. 하나님을 가까이합니다. 허탄한 자랑을 하지 않고 하나님의 뜻대로 삽니다. 또한 하나님을 향한 믿음은 이웃을 대하는 우리의 태도도 바꿉니다. 정욕과 시기로 다투지 않습니다. 형제를 비방하지 않습니다. 하나님을 향한 믿음은 반드시 행동을 일으킵니다.

요나 1장에는 하나님의 말씀을 피해 도망가는 선지자가 나옵니다. 니느웨에 가서 회개를 외치라는 하나님의 말씀이 요나에게 임합니다. 요나가 이 말씀을 싫어합니다. 그래서 하나님을 피해 달아납니다. 다시스로 가는

배를 타고 떠나는데, 하나님께서 끝까지 추적하십니다. 큰 폭풍을 보내십니다. 제비뽑기를 통해 요나가 하나님의 진노를 불러왔다는 사실을 선원들이 깨닫습니다. 결국 요나는 바다에 던져지는데, 하나님께서 미리 준비해 두신 큰 물고기가 요나를 삼킵니다. 본문은 왜곡된 믿음을 가진 성도의 모습을 보여 줍니다. 그는 말씀을 받아들이지 않습니다. 말씀에 복종하기를 거부합니다. 하나님을 가까이하지 않고 멀리합니다. 하나님의 뜻대로 살기를 거절합니다. 또한 그는 하나님께서 이웃으로 지정하신 자들을 미워합니다. 이웃들의 곤경에도 둔감합니다. 왜곡된 믿음을 가진 사람은 요나와 같은 특징을 보입니다. 우리는 어떻습니까? 하나님을 향한 믿음이 하나님을 대하는 태도와 이웃을 대하는 태도로 바르게 드러나고 있습니까?

누가복음 6장에는 하나님 나라의 교훈이 나옵니다. 예수님은 안식일의 의미가 무엇인지를 교훈하십니다. 안식일은 선을 행하고 생명을 구하는 날입니다. 예수님 자신은 안식일의 주인이 되십니다. 예수님은 계속해서 참으로 복된 자가 누구인지를 가르치십니다. 가난한 자, 주린 자, 우는 자, 예수님 때문에 버림받은 자가 복이 있습니다. 하나님 나라의 교훈은 이 세상의 가치를 초월합니다. 원수를 사랑하고 미워하는 자를 선대하며 저주하는 자를 축복하는 것이 하나님 나라의 교훈입니다. 이 뺨을 치는 자에게 저 뺨을 갖다 대고 겉옷을 빼앗는 자에게 속옷까지 내어 주는 것이 하나님 나라의 교훈입니다. 대접받고 싶은 대로 대접하고 하나님 아버지처럼 자비를 베푸는 것이 하나님 나라의 교훈입니다. 나에게 잘해 주는 사람에게만 잘해 준다면 믿지 않는 사람과 무엇이 다르겠습니까? 하나님 나라는 이 세상의 가치를 초월합니다. 예수님은 하나님 나라의 교훈을 이렇게 마무리하십니다. "듣고 행하지 아니하는 자는 주추 없이 흙 위에 집 지은 사람과 같으니 탁류가 부딪치매 집이 곧 무너져 파괴됨이 심하니라"(49절). 하나님 나라에 속한 사람은 그 교훈을 듣고 행합니다. 야고보가 말한 것처럼 행함이 없는 믿음은 거짓 믿음입니다.

11월 November 23

역대상18장 • 야고보서5장 • 요나2장 • 누가복음7장

역대상 18장은 다윗 왕조의 번영을 보여 줍니다. 다윗이 전쟁에서 승리하고 영토를 넓히는 이야기가 나옵니다. 블레셋을 쳐서 가드와 그 동네를 빼앗습니다. 모압을 쳐서 조공을 얻습니다. 소바와 아람과 하맛을 이깁니다. 에돔과 모압과 암몬과 블레셋과 아말렉 등에게서 은금을 빼앗습니다. 본문은 이 승리의 원인을 이렇게 말합니다. "다윗이 어디로 가든지 여호와께서 이기게 하시니라"(6절). 또한 다윗은 이스라엘을 정의와 공의로 다스렸고 조직 체계도 잘 정비하였습니다. 하나님을 경외하고 의지하는 자가 어떤 복을 누리는지 눈여겨보십시오. 하나님은 인자하시고 자비로우십니다. 자녀들을 항상 복되게 하시고 좋은 곳으로 인도하십니다. 이 하나님을 사랑하지 않으면 누구를 사랑할 수 있겠습니까? 하나님을 사랑합시다. 하나님을 믿읍시다. 참 좋은 일들이 많이 일어날 것입니다.

야고보서 5장은 마지막 날까지 우리가 해야 할 일을 말합니다. 하나님을 믿는 자들은 이 세상에서 다르게 삽니다. 종말을 생각하며 살기 때문입니다. 돈과 재물에 집착하면서 살지 않습니다. 가난한 자를 학대하지도 않습니다. 오래 참으며 주께서 강림하시기를 기다립니다. 고난당할 때는 기도하고 즐거울 때는 찬양합니다(13절). 병든 자를 위해서는 기도합니다. 미혹된 자를 다시 돌아서게 합니다. 마지막 날을 바라보고 사는 사람은 항상 믿음대로 살아갑니다.

요나 2장은 요나의 기도입니다. 물고기 배 속에 들어간 요나는 그제서야 하나님께 기도합니다. 고난 때문에 하나님께 반응한 것입니다. 그는 하

나님께서 자신의 기도에 응답해 주셨다고 고백합니다. 물에 떨어졌을 때 구원해 주신 사건을 기억하고 있는 것입니다. "내가 주의 목전에서 쫓겨났을지라도 다시 주의 성전을 바라보겠다 하였나이다"(4절). 그리고 구원이 하나님께 속해 있다고 외치며 기도를 마칩니다. 고난은 힘겹지만 때로는 축복이 됩니다. 고난 때문에 하나님을 찾습니다. 고난이 수단이 되어 하나님 앞으로 나아갈 수만 있다면 고난도 축복이 될 수 있습니다. 요나는 고난 때문에 다시 한 번 하나님을 간절히 붙듭니다. 하나님께서 요나에게 고난을 보내신 이유입니다. 우리에게 주어지는 고난도 그런 의미일 수 있습니다.

누가복음 7장에는 믿음에 관한 교훈이 나옵니다. 예수님께서 백부장의 종을 고쳐 주십니다. 과부의 아들을 살리시기도 합니다. 향유 담은 옥합을 깨서 예수님께 부은 여인의 죄를 용서해 주시기도 합니다. 그러면서 예수님은 믿음을 강조하십니다. 백부장에게는 "이스라엘 중에서도 이만한 믿음은 만나 보지 못하였노라"(9절)고 말씀하시고, 향유를 부은 여인에게는 "네 믿음이 너를 구원하였으니 평안히 가라"(50절)고 말씀하십니다. 예수님의 말씀에서 우리는 믿음이 무엇인지를 알 수 있습니다. 첫째, 믿음은 예수님의 능력과 성품에 관한 것입니다. 예수님께 고치실 능력이 있음과 예수님께서 고쳐 주실 마음이 있음을 믿은 것입니다. 둘째, 믿음은 그 믿음에 합당한 행동입니다. 예수님을 믿은 백부장과 향유 부은 여인은 예수님을 찾아왔습니다. 반면에 그렇지 않은 사람들도 있습니다. 예수님은 이 세대의 사람을 비유하시면서 피리를 불어도 춤을 추지 않고 곡을 하여도 울지 않는다고 말씀하십니다. 회개를 외쳐도 꿈쩍하지 않고 복음을 외쳐도 꿈쩍하지 않는 당시 사람들을 뜻합니다. 참된 믿음은 믿음의 대상이 되시는 하나님을 믿고 반응하는 것입니다.

11월 November 24

역대상19-20장 • 베드로전서1장 • 요나3장 • 누가복음8장

역대상 19장과 **역대상 20장**에는 다윗이 모든 전쟁에서 승리하는 내용이 나옵니다. 암몬에 새로운 왕이 즉위하여 다윗은 사절단을 보내 축하합니다. 그런데 암몬 왕 하눈이 다윗의 신하들을 욕보입니다. 분노한 다윗이 요압을 보내 암몬과 전쟁을 벌입니다. 암몬 편을 든 나라까지도 모두 패배할 정도로 이 전쟁은 다윗 군의 일방적인 승리로 끝납니다. 이후 블레셋과의 싸움에서도 승리를 거둡니다. 본문의 목적은 분명합니다. 이 본문의 첫 번째 독자들에게 신실한 왕과 함께한 이스라엘은 항상 승리했다는 역사를 알리는 것입니다. 앗수르와 바벨론에게 멸망당한 이스라엘 백성들은 항상 의문이 있었습니다. 혹시 하나님의 손이 짧아서 우리가 망한 것이 아닌지에 관한 의문입니다. 그러나 본문은 분명히 말합니다. 하나님의 능력이 부족해서 이스라엘이 망한 것이 아닙니다. 하나님을 의지하는 한 이스라엘은 결코 망하지 않았을 것입니다. 우리도 마찬가지입니다. 흔들리는 믿음을 굳게 세우시기를 바랍니다. 하나님의 능력과 풍요와 사랑은 흔들림이 없습니다. 항상 넘치도록 있습니다. 흔들리는 것은 항상 우리의 믿음입니다. 하나님께서 당신의 백성에게 능력과 풍요와 사랑을 한없이 베푸신다는 진리를 굳게 믿읍시다.

베드로전서 1장은 거룩한 자가 되라는 교훈입니다. 베드로는 우리가 구원받은 목적을 말합니다. “너희가 순종하는 자식처럼 전에 알지 못할 때에 따르던 너희 사욕을 본받지 말고 오직 너희를 부르신 거룩한 이처럼 너희도 모든 행실에 거룩한 자가 되라”(14-15절). 구약의 백성들에게나 신약의 성도들에게나 부르심을 받은 목적은 동일합니다. 우리를 부르신 하나님

처럼 우리도 거룩한 자가 되는 것입니다. 그러므로 우리는 부르심에 합당한 자가 되도록 거룩함을 추구해야 합니다. 진리에 순종함으로 영혼을 깨끗하게 하고 거짓이 없이 형제를 사랑해야 합니다. 하나님을 참으로 믿는 자들은 자기를 불러 주신 목적을 충성스럽게 따라갑니다.

요나 3장에는 니느웨를 향한 하나님의 용서가 나옵니다. 물고기 배 속에서 나온 요나가 하나님의 뜻대로 니느웨에 가서 회개를 외칩니다. 흔쾌히 한 것은 아닙니다. 니느웨는 사흘 동안 걸어야 할 만큼 큰 성읍이었는데, 그가 하루 동안만 전했기 때문입니다. 사실 요나는 니느웨가 망하기를 원했습니다. 그런데 놀랍게도 니느웨가 회개합니다. 니느웨 왕이 먼저 회개하고 모든 백성들이 함께 회개합니다. 그러자 하나님께서 뜻을 돌이키셔서 그들에게 내리시기로 한 재앙을 내리지 않으십니다(10절). 하나님은 심판을 즐기시지 않습니다. 하나님은 모든 사람들이 당신을 믿기 원하십니다. 그래서 늘 회개를 말씀하십니다. 회개하는 자는 용서를 얻습니다. 하나님 앞에 겸손히 나아가 우리의 죄를 자복합시다. 신실하신 주님께서 우리에게 용서받음의 즐거움을 알게 하실 것입니다.

누가복음 8장은 씨 뿌리는 비유를 중심으로 하나님 나라를 설명합니다. 예수님께서 씨 뿌리는 비유를 통해 교훈하십니다. 이 비유의 교훈은 하나님의 말씀에 옳게 반응해야 한다는 것입니다. 듣지 않거나 잠깐 듣고 끝내는 것이 아니라 듣고 간직하여 열매를 맺어야 합니다. 믿음이 있는 사람은 하나님의 말씀에 항상 반응합니다. 야이로의 딸이 죽었을 때 예수님께서 이렇게 말씀하십니다. “두려워하지 말고 믿기만 하라 그리하면 딸이 구원을 얻으리라”(50절). 어떻게 하면 하나님의 말씀에 옳게 반응할지를 생각해 보십시오. 믿음 안에서 순종과 회개를 어떻게 해야 하는지를 고민해 보십시오. 의의 열매를 맺기 위해 노력해 보십시오. 하나님께서 기뻐하실 것입니다.

11월 November 25

역대상21장 · 베드로전서2장 · 요나4장 · 누가복음9장

역대상 21장은 다윗의 인구 조사에 따른 하나님의 심판을 보여 줍니다. 승승장구할 것 같았던 다윗이 큰 낭패를 봅니다. 이스라엘의 인구 조사 때문입니다. 요압이 이 결정에 반대합니다. 인구 조사의 동기가 자신의 군사력을 자랑하는 것에 있었기 때문입니다. 다윗의 명령으로 인구 조사는 강행됩니다. 다윗의 교만으로 말미암아 하나님께서 이스라엘을 치십니다. 3일 동안 전염병이 이스라엘에 퍼집니다. 다윗은 여호와의 천사가 칼을 빼고 예루살렘 위에 서 있는 것을 보고 하나님 앞에 엎드려 회개합니다. 하나님께서 용서하시고 다윗은 제사를 드립니다. 다윗의 승리는 다윗으로 말미암은 것이 아니었습니다. 다윗이 겸손하게 하나님을 의지했기 때문에 하나님께서 다윗에게 승리와 번영을 주신 것입니다. 그러나 다윗은 그것을 잊고 교만하게 자신의 능력을 자랑했습니다. 겸손은 하나님의 은혜를 받는 통로이지만 교만은 하나님께서 매우 싫어하시는 죄입니다. 교만을 경계합시다. 우리 인생이 누구 덕분인지를 잊지 맙시다. 자신의 능력과 재능을 자랑하는 것은 헛된 일입니다. 오직 복과 풍요를 주시는 하나님을 바라보고 그 은혜에 감사합시다.

베드로전서 2장은 나그네와 같은 성도의 삶을 말합니다. 우리의 신분은 우리로 말미암아 얻은 것이 아닙니다. 하나님께서 보배로운 산 돌이신 예수 그리스도를 통하여 믿는 자들에게 구원을 베푸셔서 얻은 것입니다. 하나님께서 우리에게 구원을 베푸신 목적이 있습니다. "너희는 택하신 족속이요 왕 같은 제사장들이요 거룩한 나라요 그의 소유가 된 백성이니 이는 너희를 불러내어 그의 기이한 빛에 들어가게 하신 이의 아름다운 덕을 선

포하게 하려 하심이라"(9절). 당신을 높이시기 위해 우리를 부르셨습니다. 우리 자신을 높이는 것은 우리 인생의 목적이 아닙니다. 그래서 우리는 이 땅에서 나그네가 됩니다. 이 땅의 가치를 추구하는 것은 우리의 목적이 아니기 때문입니다. 그러나 이 땅의 모든 가치를 부정하는 것도 올바른 자세가 아닙니다. 이 땅의 제도도 하나님께서 주신 것이기에 우리는 주를 위하여 이 땅의 지도자에게 순종해야 합니다. 선한 일을 행함으로 이 땅의 사람들에게 하나님의 영광을 드러내야 합니다. 우리는 이것을 위해 부르심을 받았습니다.

요나 4장은 하나님의 마음을 보여 줍니다. 요나는 니느웨가 망하기를 원했습니다. 그래서 산 위에 올라가서 니느웨가 어떻게 망하는지를 구경하고자 했습니다. 그런데 하나님께서 니느웨를 용서하시자 분노했습니다. 하나님은 박 넝쿨을 준비하셔서 요나에게 당신의 마음을 가르치셨습니다. "이 큰 성읍 니느웨에는 좌우를 분변하지 못하는 자가 십이만여 명이요 가축도 많이 있나니 내가 어찌 아끼지 아니하겠느냐"(11절). 하나님은 선하십니다. 그리고 따뜻하십니다. 하나님은 사람들이 망하기를 원하시지 않습니다. 하나님의 마음을 알아야 합니다. 그럴 때 우리도 하나님과 같이 선하고 따뜻하고 생명을 살리는 마음을 가질 수 있기 때문입니다.

누가복음 9장은 하나님 나라의 선함을 가르칩니다. 예수님이야말로 하나님의 마음을 이 땅에서 가장 잘 실천하신 분입니다. 예수님은 배고픈 자들을 위해 오병이어 기적을 베푸셨습니다. 귀신 들린 아이를 낫게 하셨습니다. 예수님은 하나님 나라가 참으로 선하고 아름다움을 기적을 통해 보여 주고 계십니다. 이 하나님 나라의 제자로 참여한 사람들은 예수님과 같이 살아야 합니다. 그분의 길을 따라 담대히 걸어야 합니다. 하나님 나라를 전파하고 하나님 나라의 교훈대로 살며 하나님 나라의 선함을 보여 주어야 합니다.

11월 November 26

역대상22장 • 베드로전서3장 • 미가1장 • 누가복음10장

역대상 22장은 성전 건축을 준비하는 다윗의 이야기입니다. 다윗은 성전 건축을 위해 두 가지를 준비합니다. 첫째는 실질적인 인력과 재료입니다. 다윗이 이렇게 하는 이유입니다. "내 아들 솔로몬은 어리고 미숙하고 여호와를 위하여 건축할 성전은 극히 웅장하여 만국에 명성과 영광이 있게 하여야 할지라 그러므로 내가 이제 그것을 위하여 준비하리라"(5절). 둘째는 건축의 당사자인 솔로몬에게 조언을 합니다. 다윗은 자신이 왜 성전 건축을 할 수 없는지, 솔로몬이 왜 성전을 건축해야 하는지를 말합니다. 그리고 모든 신하들에게 솔로몬을 도우라고 명령합니다. 다윗의 준비 과정을 보면 다윗이 얼마나 성전을 건축하고 싶어 했는지를 알 수 있습니다. 성전 건축의 열망은 사실 하나님을 향한 열망입니다. 하나님께서 함께 계시니 하나님께서 계실 처소를 하나님의 이름에 걸맞게 건축하고 싶었던 것입니다. 본문은 우리에게도 교훈을 줍니다. 예수 그리스도로 말미암아 우리는 하나님께서 거하실 처소 그 자체가 되었습니다. 그러므로 우리는 다윗의 열정처럼 우리 자신을 하나님의 명성에 걸맞은 성전이 되도록 준비하고 만들어 가야 합니다. 다윗이 그토록 원하던 성전이 이제 우리 안에 있다는 사실을 잊지 마십시오.

베드로전서 3장은 이웃 사랑에 관한 다양한 교훈입니다. 예수 그리스도를 믿는 믿음은 구체적인 삶의 열매를 맺습니다. 두 방향입니다. 하나님을 향한 태도와 이웃을 향한 태도입니다. 이 두 가지를 통해 우리는 하나님께서 거하실 처소로 지어져 갑니다. 본문은 이웃을 향한 태도를 가르칩니다. 먼저 남편과 아내라는 가장 가까운 이웃에 관한 교훈입니다. 남편은 아내

를 귀히 여기고 아내는 남편에게 순종해야 합니다. 그리고 형제를 사랑하고 불쌍히 여기며 겸손해야 합니다. 악을 악으로 갚지 말고 욕을 욕으로 갚지 말며 도리어 복을 빌어 주어야 합니다. 우리는 이것을 위하여 부르심을 받았습니다(9절). 열심히 선을 행하여 하나님께서 거하실 처소가 되어 갑시다.

미가 1장은 사마리아와 예루살렘의 죄를 말합니다. 하나님께서 찾아오실 것입니다. 하나님께서 찾아오셔서 이스라엘의 죄와 유다의 죄를 드러내실 것인데, 그 죄는 바로 우상 숭배입니다. 이 죄로 말미암아 사마리아를 들의 무더기 같게 하실 것입니다. 유다의 도시들도 마찬가지입니다. 모두 심판을 면치 못할 것입니다. 하나님께서 찾아오신다는 것이 늘 좋은 일은 아닙니다. 누군가에게는 구원의 소식이 되겠지만 누군가에는 심판의 소식이 될 것이기 때문입니다. 하나님의 찾아오심을 준비하는 성도들이 됩시다.

누가복음 10장은 제자도를 가르칩니다. 우리 가운데 찾아오신 하나님, 곧 예수님은 우리가 이 땅에서 어떻게 하나님 나라를 살아야 하는지를 가르쳐 주십니다. 한마디로 예수님처럼 살아야 합니다. 예수님처럼 하나님 나라의 복음을 전하고, 예수님처럼 하나님 나라의 교훈을 따라 살며, 예수님처럼 하나님 나라의 풍요를 보여 주어야 합니다. 특히 선한 사마리아인 비유에서 말하듯이, 강도 만난 자의 이웃이 되어 줄 수 있어야 합니다. 이웃을 향한 태도는 우리의 믿음을 가늠하는 매우 중요한 잣대요 제자도의 핵심입니다.

11월 November 27

역대상23장 · 베드로전서4장 · 미가2장 · 누가복음11장

역대상 23장에서는 성전 건축 준비 내용이 이어집니다. 다윗이 솔로몬을 왕으로 세웁니다. 그것과는 별개로 다윗의 성전 건축 준비는 계속됩니다. 이번에는 성전에서 일할 레위 지파의 조직을 만듭니다. 그러기 위해서 레위 사람의 명단과 숫자를 조사합니다. 앞선 인구 조사가 자기 자랑을 위한 것이었다면, 이번에 하는 조사는 하나님의 영광을 위한 것입니다. 동일한 행동이었음에도 불구하고 그 동기가 달랐기 때문에 결과도 달랐습니다. 마음속 동기가 중요합니다. 하나님의 영광을 위한 것인지 자기의 영광을 위한 것인지를 꼭 따져 보십시오. 은밀히 스며든 자기 영광을 위한 동기를 구분해 내십시오. 하나님의 영광을 위해 사는 자들에게는 하나님께서 능력을 주십니다.

베드로전서 4장은 청지기의 삶을 가르칩니다. 베드로는 계속해서 우리가 무엇을 위해 살아야 하는지, 그리고 어떻게 살아야 하는지를 말합니다. 예수님께서 이미 육체의 고난을 받으셨기에 우리도 이제 정욕을 따라 살지 말고 하나님의 뜻을 따라 살아야 합니다. 과거처럼 온갖 죄를 지어서는 안 됩니다. 특히 마지막을 생각하며 살아야 합니다. 정신을 차리고 근신하여 기도해야 합니다. 서로 뜨겁게 사랑하고 대접하며 은사를 받은 대로 봉사해야 합니다. 모든 것을 하나님의 능력에 기대어 해야 합니다. 우리는 선한 청지기이기 때문입니다. 찾아오는 고난을 두려워하지 말고 끝까지 하나님을 의지해야 합니다. "그러므로 하나님의 뜻대로 고난을 받는 자들은 또한 선을 행하는 가운데에 그 영혼을 미쁘신 창조주께 의탁할지어다"(19절).

미가 2장에는 유다의 죄가 계속해서 나옵니다. 그들이 악행을 꾸미고 탐욕을 부림으로 남의 것을 강탈하는 죄를 범했다고 말합니다. 이것이 심판을 받는 이유입니다. "그러므로 여호와의 말씀에 내가 이 족속에게 재앙을 계획하나니"(3절). 그들이 침상에서 악을 계획한 것처럼, 하나님도 그들을 향한 재앙을 계획하신다고 말씀하십니다. 또한 그들은 하나님의 말씀을 거부합니다. "그들이 말하기를 너희는 예언하지 말라 이것은 예언할 것이 아니거늘 욕하는 말을 그치지 아니한다 하는도다"(6절). 경고와 회개를 외치는 하나님의 말씀을 거부한 것입니다. 결국 그들은 망할 것입니다. 그러나 하나님은 다시 당신의 백성을 모으시겠다고 약속하십니다. "길을 여는 자가 그들 앞에 올라가고 그들은 길을 열어 성문에 이르러서는 그리로 나갈 것이며 그들의 왕이 앞서 가며 여호와께서는 선두로 가시리라"(13절). 길을 여는 자요, 왕이요, 여호와는 예수 그리스도를 가리킵니다. 비록 우리의 죄가 유다처럼 크지만, 하나님은 구원자 예수님을 보내셔서 우리의 길을 다시 열어 주십니다.

누가복음 11장에는 예수님과 바리새인 사이의 논쟁이 나옵니다. 예수님은 바리새인을 향해 날카로운 비판을 하십니다. 그들을 가리켜 겉은 깨끗하나 그 안에는 탐욕과 악독이 가득한 그릇과 같다고 말씀하십니다. 위선자로 정죄하신 것입니다. 그들의 행위는 나름대로 거룩했지만 그들의 마음속 동기는 자기를 위한 탐욕으로 가득했기 때문입니다. 참된 성도는 행위만이 아니라 마음속 동기까지 거룩합니다. 물론 이것은 참 어렵습니다. 그러나 우리에게는 늘 좋은 것을 주시는 하나님 아버지께서 계십니다. 구하고 찾고 두드리면 받을 것이고 찾을 것이고 열릴 것입니다. "너희가 악할지라도 좋은 것을 자식에게 줄 줄 알거든 하물며 너희 하늘 아버지께서 구하는 자에게 성령을 주시지 않겠느냐"(13절). 위선적인 믿음이 아니라 참된 믿음을 위해서 하나님 아버지께 간청합시다. 주실 것입니다.

11월 November 28

역대상24-25장 • 베드로전서5장 • 미가3장 • 누가복음12장

역대상 24장과 **역대상 25장**은 성전 체계를 만들어 가는 내용입니다. 다윗은 계속해서 성전에서 일할 사람들의 명단을 정리하고 체계화합니다. 레위 자손들을 파악한 뒤에는 제사장 직분을 맡은 아론 자손의 계열들을 파악합니다. 그리고 레위 자손 중에 남은 자들을 파악하고, 아삽과 헤만과 여두둔의 자손 중에서 신령한 노래를 맡을 자들을 파악하여 제비를 뽑습니다. 본문은 하나님을 향한 다윗의 마음이 얼마나 신실했는지를 보여 줍니다. 제사를 통해 죄를 용서하시고 율법을 통해 행복한 삶을 허락하신 하나님을 말씀대로 섬기고 싶어 하는 다윗의 마음을 엿볼 수 있습니다. 다윗은 하나님을 향한 사랑의 마음을 하나님께서 주신 말씀에 잘 맞춰서 예배한 인물입니다. 제사장 제도와 레위인 제도를 정비하는 모습에서 우리가 얻을 수 있는 교훈입니다.

베드로전서 5장에는 장로와 청년에게 주는 교훈이 있습니다. 먼저 베드로는 장로들에게 권합니다. 하나님의 양 무리를 목양하되 억지로 하지 말고 하나님의 뜻을 따라 자원함으로 하라고 말합니다. 하나님을 섬기는 일은 마음에서 우러나와야 합니다. 다른 목적과 동기가 있어서는 안 됩니다. 특히 돈 같은 이득을 쫓아서는 안 됩니다. 주장하는 자세를 하지 말고 본을 보이라고도 말합니다. 장로는 권력을 마음껏 취하는 자리가 아닙니다. 오히려 섬기는 본을 보이는 자리입니다. 목자장이신 예수님께서 그렇게 하셨듯이 말입니다. 청년들에게도 권합니다. 장로에게 순종해야 합니다. 이해가 안 되고 납득이 어려운 말을 들을 수도 있습니다. 그러나 서로 겸손으로 허리를 동이고 순종해야 합니다. 하나님은 교만한 자를 대적하시고 겸손한 자에게 은혜를 주시기 때문입니다. 모든 성도에게 권합니다. 믿음을 갖고 사십시오. 염려를 주께 맡기십시오. 근신하고 깨어 있으십시오. 그리스도 안에서 우리를 불러 주신 하나님께서 우리를 강하게 하시고 굳건하게 하실 것입니다.

미가 3장은 정의롭지 않은 지도자들에 대한 고발입니다. 당시 이스라엘과 유다의 통치자들은 정의가 무엇인지를 몰랐습니다. 선을 행하기보다는 악을 좋아했습니다. 백성들을 착취하고 학대했습니다. 선지자들은 백성들을 미혹했습니다. 이득이 있으면 평화를 외치고 이득이 없으면 전쟁을 외쳤습니다. 돈에 따라 말씀을 바꾸어 전했다는 것입니다. 한 사회의 양심을 이끌어야 할 지도자들이 가장 크게 부패했을 때, 그들이 얻을 최후는 이것밖에 없습니다. "이러므로 너희로 말미암아 시온은 갈아엎은 밭이 되고 예루살렘은 무더기가 되고 성전의 산은 수풀의 높은 곳이 되리라"(12절). 지도자는 다윗과 같아야 합니다. 하나님을 사랑하고 하나님의 말씀대로 살아야 합니다. 지도자는 베드로와 같아야 합니다. 돈을 위해 사역하지 말고 주장하는 자세로 사람을 대하지 말아야 합니다. 정의롭고 따스하고 올바른 지도자가 정말로 필요합니다.

누가복음 12장은 바리새인의 누룩을 주의하라는 예수님의 교훈입니다. 당시 바리새인은 이스라엘의 지도자였습니다. 그러나 그들은 위선에 빠져 있었습니다. 예수님은 바리새인의 교훈을 주의하라고 말씀하시는데, 거짓은 반드시 드러나서 심판을 받을 것이기 때문입니다. 어리석은 부자 비유처럼 탐심을 부려서도 안 됩니다. 우리의 쓸 것과 우리의 생명은 주님의 것입니다. 탐욕을 부리기보다는 주님의 뜻대로 써야 합니다. 하나님께서 우리를 돌보신다는 믿음을 가지고 살아갑시다. 그럴 때 그분의 나라를 먼저 추구하며 살 수가 있습니다. 항상 깨어 우리 주님의 오심을 준비합시다. 주님의 뜻대로 살아갑시다. 주께서 오셔서 우리를 칭찬하실 것입니다.

11월 November 29

역대상26-27장 • 베드로후서1장 • 미가4장 • 누가복음13장

역대상 26장과 **역대상 27장**은 성전 문지기와 성전 곳간 지기, 그리고 이스라엘의 지도자를 파악하고 뽑는 내용입니다. 먼저 성전 문지기는 고라 자손 중에서 뽑았습니다. 특이한 점은 오벧에돔의 자손이 문지기에 뽑힌 것입니다. 오벧에돔은 레위 사람이 아닙니다. 그럼에도 불구하고 오벧에돔의 자손들이 문지기에 뽑힐 수 있었던 것은 과거 하나님의 궤를 그 집에서 보관했기 때문입니다. 성전 곳간 지기는 레위 사람 중에서 뽑았습니다. 이어 다윗은 일 년 동안 달마다 돌아가며 지킬 열두 개의 부대를 만들고 그 반장을 임명합니다. 또한 이스라엘 지파의 지도자들을 파악하고, 왕궁에서 일할 사람들을 임명합니다. 이 모든 조치는 다윗 왕국의 완성을 뜻합니다. 다윗 왕국은 풍요롭고 강성했을 뿐만 아니라 질서가 있고 적절했습니다. 하나님 나라도 마찬가지입니다. 하나님 나라는 풍요롭고 능합니다. 동시에 질서가 있습니다. 방종하거나 무질서하지 않다는 것입니다. 하나님 나라의 본을 보여야 하는 교회도 그러해야 합니다. 풍요롭고 능해야 합니다. 동시에 질서가 있어야 합니다. 하나님 나라를 보여 줄 수 있는 교회가 됩시다.

베드로후서 1장은 우리가 부르심을 받은 이유를 말합니다. 베드로는 우리가 하나님과 예수 그리스도의 의를 힘입어 동일하게 보배로운 믿음을 함께 받았다고 말합니다. 하나님께서 우리를 그렇게 불러 주신 이유입니다. "그 보배롭고 지극히 큰 약속을 우리에게 주사 이 약속으로 말미암아 너희가 정욕 때문에 세상에서 썩어질 것을 피하여 신성한 성품에 참여하는 자가 되게 하려 하셨느니라"(4절). 쉽게 말하면, 우리를 부르신 거룩한 이처럼 우리도 거룩하라는 뜻입니다. 그러기 위해 우리가 해야 할 것이 있습니다. 믿음에 덕을, 덕에 지식을, 지식에 절제를, 절제에 인내를, 인내에 경건을, 경건에 형제 우애를, 형제 우애에 사랑을 더하는 것입니다. 베드로는 죽음이 임박했음을 알고 이 진리를 항상 생각나게 하고 싶다고 말합니다. 우리가 부르심을 받은 사실, 그리고 그 부르심의 목적을 항상 생각하시기 바랍니다. 특히 말씀을 통해 그것을 묵상하시기 바랍니다.

미가 4장은 그날에 일어날 일을 말합니다. 그날이 오면 여호와의 전의 산이 산들의 꼭대기에 설 것입니다. 이방 민족들이 예루살렘을 찾아올 것입니다. 그날에는 전쟁이 없을 것이고 평화가 임할 것입니다. 만민이 하나님만 의지할 것입니다. 그날이 오면 저는 자, 쫓겨난 자, 환난을 당한 자들이 하나님 나라의 백성이 될 것입니다. 그날이 오면 구원이 임할 것입니다(10절). 그날에 임할 하나님 나라는 그리스도와 함께 시작될 것입니다.

누가복음 13장에는 참된 신앙을 전파하시는 예수님의 모습이 나옵니다. 예수님은 무화과나무 비유를 통해 열매 맺지 못하는 신앙이 얼마나 위험한지를 가르치십니다. 열매 맺지 못하는 나무가 쓸모가 없듯이 열매 맺지 못하는 신앙도 쓸모가 없습니다. 예수님은 이것을 안식일 논쟁을 통해 말씀하십니다. 안식일에 열여덟 해 동안이나 귀신 들려 꼬부라진 여자를 고쳐 주십니다. 그러자 회당장이 예수가 안식일을 범했다고 분을 냅니다. 예수님은 안식일의 의미를 가르치시며 참된 신앙이 무엇인지를 말씀하십니다. 참된 신앙은 죽이는 것에 있지 않고 살리는 것에 있습니다. 무성한 잎에 있지 않고 좋은 열매에 있습니다. 그런 의미에서 참된 신앙은 오직 예수 그리스도 안에 있습니다. 이 좁은 문으로 들어가기를 힘씁시다(24절).

역대상 28장은 지도자들에게 성전 건축을 지시하는 다윗의 이야기입니다. 다윗이 이스라엘의 모든 고관들을 소집합니다. 그리고 그들에게 솔로몬을 도와서 성전을 꼭 건축하라고 지시합니다. 이것이 하나님의 뜻이라고 말합니다. 다윗은 성전 설계도를 솔로몬에게 전달하고 제사장과 레위 사람들에게 성전에서 사용할 기구들의 양식도 알립니다. 하나님께서 다윗에게 알려 주신 것입니다. "다윗이 이르되 여호와의 손이 내게 임하여 이 모든 일의 설계를 그려 나에게 알려 주셨느니라"(19절). 하나님을 섬길 때 하나님의 뜻을 따르는 것은 참 중요합니다. 다윗은 열렬하게 성전을 건축하고 싶어 했지만 하나님의 뜻을 따라 포기합니다. 또한 하나님께서 가르쳐 주신 대로 건축의 설계와 기구의 양식을 정합니다. 하나님을 향한 열정이 하나님의 말씀을 넘어가지 않게 한 것입니다. 우리도 하나님을 사랑하되 하나님의 뜻을 따라 하나님을 사랑합시다. 그것이 하나님을 진정으로 사랑하는 것입니다.

베드로후서 2장에는 거짓 교사들에 관한 내용이 나옵니다. 거짓 교사의 위험은 초대 교회에도 있었습니다. 베드로는 과거 구약 시대에 거짓 선지자가 있었던 것처럼 교회에도 거짓 선생이 있을 것이라고 말합니다. 그들에게는 몇 가지 특징이 있습니다. 예수님을 부인합니다. 호색합니다. 그로 말미암아 진리의 도가 비방을 받을 것입니다. 탐심을 목적으로 거짓말을 합니다. 성도들을 이득의 재료로 삼습니다. 굳세지 못한 자들을 미혹합니다. 허탄한 자랑의 말을 쏟아 냅니다. 육체의 정욕 가운데서 행합니다. 방종을 권합니다. 우리는 거짓 교사들의 특징을 잘 파악하고 있어야 합니다. 첫째, 그들은 실존하기 때문입니다. 거짓 교사들은 항상 있었습니다. 둘째, 그들은 교묘하기 때문입니다. 사람의 본능을 자극하여 미혹합니다. 셋째, 그들은 결국 멸망하기 때문입니다. 그들과 함께 서는 자들도 멸망합니다. 거짓 교사의 매끄러운 말에 넘어가지 않도록 항상 하나님의 말씀을 따라 하나님을 섬깁시다.

미가 5장은 구원자를 예언합니다. 예수님의 베들레헴 탄생을 예언하는 구절이 여기에 있습니다. "베들레헴 에브라다야 너는 유다 족속 중에 작을지라도 이스라엘을 다스릴 자가 네게서 내게로 나올 것이라"(2절). 그는 여호와의 능력과 이름의 위엄을 의지하고 목축할 것입니다. 그는 평강이 될 것입니다. 그는 원수의 손아귀에서 자기 백성을 구원할 것입니다. 그가 오는 날에는 모든 우상이 멸절될 것이고 우상을 섬기는 곳도 무너질 것입니다.

누가복음 14장은 구원자 예수 그리스도를 향한 초청입니다. 예수님께서 혼인 잔치의 비유를 말씀하십니다. 큰 잔치를 준비했는데, 사람들이 핑계를 대며 참여하지 않습니다. 결국 그 자리에는 가난한 자들과 몸 불편한 자들과 맹인들과 저는 자들이 초청받습니다. 이 비유의 결론입니다. "전에 청하였던 그 사람들은 하나도 내 잔치를 맛보지 못하리라"(24절). 예수 그리스도는 우리의 구원자로 이 땅에 오셨습니다. 그분은 하나님의 능력으로 우리를 돌보십니다. 그분은 우리에게 평안과 위로와 행복을 주십니다. 그분은 우리를 모든 고통에서 건져 내십니다. 예수 그리스도는 그야말로 우리의 구원자가 되십니다. 그러므로 그리스도와 함께하는 혼인 잔치에 모든 것을 포기하고 참여하는 것이 마땅합니다. 그리스도께로 가기 위해 자기를 부인하고 자기 십자가를 지는 것은 결코 손해가 아닙니다. 그리스도 안에 훨씬 더 큰 풍요와 행복과 영광이 있기 때문입니다. 그리스도께로 갑시다.

December
/
12월

역대상 29장은 성전 건축 참여를 독려하는 다윗의 이야기입니다. 다윗은 이 공사가 사람을 위한 것이 아니요 하나님을 위한 것이라고 말합니다(1절). 그래서 하나님의 성전을 위하여 이미 힘을 다해 모두 준비해 놓았다고 하는데, 그럼에도 불구하고 즐거이 참여할 사람은 함께하자고 독려합니다. "오늘 누가 즐거이 손에 채워 여호와께 드리겠느냐"(5절). 다윗의 독려로 이스라엘의 지도자들과 백성들이 함께 자원하여 드립니다. 다윗은 온 회중 앞에서 감사 기도를 드립니다. 본문은 다윗의 행적을 정리한 후에 솔로몬이 대신하여 왕이 되었다고 전합니다. 열왕기와는 달리 역대기에서는 성전 건축 준비를 다윗의 후반기 행적의 핵심으로 소개합니다. 다윗은 하나님의 전이 건축된다는 사실에 큰 의미와 가치를 두었습니다. 하나님께서 함께 계심을 공식적으로 확증하는 상징물이기 때문입니다. 하나님께서 함께하시는 것만큼 큰 복이 없음을 평생 동안 경험한 다윗은 성전을 통해 하나님께서 이스라엘과 영원히 함께 계시기를 소망했습니다. 이 진리는 오늘날에도 적용됩니다. 하나님께서 함께하시는 것만큼 큰 복이 없습니다. 오늘날에는 그리스도를 통해 우리와 영원히 함께하십니다. 그래서 그리스도께서 우리의 복이 되십니다.

베드로후서 3장은 마지막 날을 생각하는 삶이 어떤 것인지를 가르칩니다. 마지막 날은 있습니다. 어떤 이들은 그날이 없다고 말하지만 그날은 있습니다. 우리에게는 더딘 것처럼 느껴질 수 있지만, 하나님께는 하루가 천 년 같고 천 년이 하루 같음을 잊지 마십시오(8절). 더딘 것이 아니라 오래 참고 계신 것입니다. 그러나 주의 날은 도둑같이 임할 것입니다. 그날을 생각하는 우리의 삶은 이러해야 합니다. "거룩한 행실과 경건함으로 하나님의 날이 임하기를 바라보고 간절히 사모하라"(11-12절). 거룩함을 위해 힘써야 합니다. 최선을 다해 경건함을 추구해야 합니다. 하나님의 날이 속히 임하기를 소망해야 합니다. 미혹에 빠지지 않도록 군센 믿음을 가져야 합니다. 그날은 반드시 있습니다.

미가 6장은 하나님의 고발입니다. 하나님께서 당신의 백성과 변론하십니다. "너희는 여호와의 변론을 들으라"(2절). 이것은 마치 법정에서 서로 다투는 것과 같습니다. 하나님은 당신에게 잘못이 없다는 말로 변론을 시작하십니다. "내 백성아 내가 무엇을 네게 행하였으며 무슨 일로 너를 괴롭게 하였느냐"(3절). 하나님은 이스라엘을 향해 항상 공의롭게 행하셨습니다. 하나님께서 당신의 백성에게 바라시는 것은 엄청난 제물이 아닙니다. 하나님께서 보여 주신 선을 행하는 것입니다. 정의를 행하고 인자를 사랑하고 겸손히 하나님과 함께 행하는 것입니다. 하나님을 사랑하고 이웃을 사랑하는 것입니다. 그러나 이스라엘은 부정한 저울을 써서 이웃에게 사기를 치고 부자들은 가난한 자를 학대하며 주민들은 거짓을 말했습니다. 그러므로 하나님은 이스라엘을 향해 심판을 선언하십니다. 먹어도 배부르지 않고 감추어도 보존되지 않으며 농사를 지어도 수확하지 못할 것이라고 말씀하십니다. 하나님은 많은 선지자를 통해 수없이 경고하셨지만 이스라엘은 끝까지 돌이키지 않았고, 결국 그날이 오고 만 것입니다.

누가복음 15장에는 잃은 자를 찾는 하나님의 마음이 나옵니다. 목자는 양 한 마리를 찾기 위해 돌아다니다가 잃은 양을 발견했을 때 정말로 즐거워합니다. 드라크마를 잃어버린 여인도 마찬가지입니다. 자신을 버리고 간 아들을 되찾은 아버지도 같습니다. 이 비유들의 교훈은 이것입니다. "이와 같이 죄인 한 사람이 회개하면 하늘에서는 회개할 것 없는 의인 아흔아홉으로 말미암아 기뻐하는 것보다 더하리라"(7절). 그날은 반드시 있습니다. 그날까지 돌이키지 않는 자는 심판을 받고 말 것입니다. 그러나 하나님은 오래 참으셔서 모든 사람들이 구원 얻기를 원하십니다. 수많은 경고를 듣고 돌이키는 자는 복이 있습니다. 또한 성도는 그날을 생각하며 두렵고 떨림으로 거룩함을 추구해야 합니다.

역대하 1장은 하나님께서 솔로몬에게 복을 주시는 내용입니다. 다윗의 뒤를 이어 왕이 된 솔로몬에게 하나님은 복을 주십니다. 본문은 하나님께서 그와 함께하셔서 심히 창대하게 하셨다는 말로 시작합니다. 또한 본문은 솔로몬의 부강함을 묘사하는 것으로 끝납니다. 다윗 왕조를 향한 하나님의 기대와 축복이 잘 드러납니다. 솔로몬도 하나님의 기대에 부합한 모습을 보입니다. 회막 앞에서 번제를 드린 솔로몬에게 하나님께서 나타나셔서 이렇게 말씀하십니다. "내가 네게 무엇을 주랴 너는 구하라"(7절). 하나님의 말씀에 솔로몬이 응답합니다. "주께서 나를 땅의 티끌같이 많은 백성의 왕으로 삼으셨사오니 주는 이제 내게 지혜와 지식을 주사 이 백성 앞에서 출입하게 하옵소서"(9-10절). 솔로몬의 응답이 하나님의 마음에 쏙 들었습니다. 이 모든 것을 하나님께서 허락하셨음을 솔로몬이 고백했기 때문입니다. 하나님은 그에게 부와 재물과 영광도 주셨습니다. 역대기의 독자는 다시 한 번 하나님을 인정하고 의지하는 것이 참된 복을 누리는 방법임을 여기에서 배울 수 있습니다. 하나님을 인정하는 자는 하나님의 인정을 받습니다.

요한일서 1장은 하나님과의 참된 사귐이 무엇인지를 가르칩니다. 요한은 자신이 직접 보고 듣고 만진 생명의 말씀을 말합니다. 이 생명의 말씀은 예수 그리스도입니다. 예수 그리스도 안에서 성도의 사귐이 일어납니다. "우리가 보고 들은 바를 너희에게도 전함은 너희로 우리와 사귐이 있게 하려 함이니 우리의 사귐은 아버지와 그의 아들 예수 그리스도와 더불어 누림이라"(3절). 참된 사귐은 오직 그리스도를 통해서만 이루어집니다. 그리스도를 통해서 성도의 사귐이 있고, 그리스도를 통해서 하나님 아버지와의 사귐이 있습니다. 참된 사귐이 있는 사람에게는 특징이 있습니다.

어둠을 멀리합니다. 하나님은 빛이시기 때문입니다. 하나님과 사귄다고 하면서 어둠에 행하면 그것은 거짓말을 하는 것입니다. 성도와의 사귐도 마찬가지입니다. 성도와 사귄다고 하면서 어둠에 행하면 거짓말을 하는 것입니다. 우리는 빛 가운데 행해야 합니다. 그러므로 우리는 그리스도 안에서 죄를 고백하고 모든 죄에서 용서를 받읍시다. 신실하고 의로우신 주께서 우리를 모든 불의에서 깨끗하게 해 주실 것입니다.

미가 7장은 부패한 이스라엘의 참상과 그럼에도 불구하고 끝내 이스라엘을 구원하시는 하나님의 사랑을 말합니다. 이스라엘에는 인애와 자비가 사라졌습니다. 하나님은 열매를 남겨 놓고 수확하여 가난한 자와 나그네들이 먹을 수 있도록 하라고 말씀하셨는데, 과일이 하나도 남지 않았습니다. 탐욕만이 사회를 지배하고 있는 것입니다. 경건한 자와 정직한 자가 사라졌습니다. 형제를 잡으려고 매복하고 부지런히 악을 행하고 재판관은 뇌물을 받고 권세자는 자기 마음대로 행했습니다. 이웃과 친구, 심지어 가족도 믿을 수 없는 지경에 이르렀습니다. 완전히 타락해 버린 것입니다. 그럼에도 불구하고 미가는 구원의 하나님을 바라봅니다. 하나님만이 죄악과 허물을 용서하실 수 있기 때문입니다. 그는 하나님께서 이렇게 행하시길 기대합니다. "다시 우리를 불쌍히 여기셔서 우리의 죄악을 발로 밟으시고 우리의 모든 죄를 깊은 바다에 던지시리이다"(19절).

누가복음 16장은 하나님 나라를 위한 충성을 요구합니다. 불의한 청지기가 주인의 소유를 낭비하여 쫓겨납니다. 청지기는 쫓겨나기 직전에 주인에게 빚진 자들의 빚을 감해 줍니다. 주인은 이 청지기가 비록 윤리적으로는 옳지 못하나 자신을 위해 지혜롭게 처신한 것을 칭찬합니다. 예수님은 이 비유를 통해 당신의 일을 지혜롭고 충성스럽게 행할 것을 요구하십니다. 부자와 거지 나사로의 비유도 그렇습니다. 우리는 살아 있는 동안 하나님 나라에 충성해야 합니다. 죽으면 기회가 없기 때문입니다. 우리 눈앞에 있는 일이 작은 일이라도 하나님 나라에 속한 것이라면 충성을 다합시다. 하나님께서 인정해 주실 것입니다.

12월 December **03**

역대하2장 • 요한일서2장 • 나훔1장 • 누가복음17장

역대하 2장은 솔로몬이 성전 건축을 준비하는 과정입니다. 솔로몬이 두 가지를 결심합니다. 하나는 여호와의 이름을 위한 성전 건축입니다. 다른 하나는 자기 왕위를 위한 궁궐 건축입니다. 먼저 일꾼들을 뽑고 두로 왕 후람에게 백향목 및 각종 재료들을 요청합니다. 후람은 솔로몬의 요청에 응합니다. 솔로몬이 후람에게 재료를 요청할 때 반복했던 말이 있습니다. "내가 건축하고자 하는 성전은 크니 우리 하나님은 모든 신들보다 크심이라"(5절). 솔로몬은 하나님께서 참으로 크시기에 성전을 정말 제대로 잘 지어야 한다고 강조합니다. 물론 그 어떤 건축물도 하나님에 비할 바가 아니라는 말도 곁들입니다. 솔로몬의 이 말은 각종 신들을 섬기던 두로 왕에게 한 것입니다. 오늘날로 치면 다른 종교를 믿는 자에게 하나님에 관한 교리를 설명한 것입니다. 이것은 다원주의 사회를 사는 우리에게 시사하는 바가 큽니다. 무례를 범해서는 안 되겠지만 전하지 않아서도 안 됩니다. 경우에 맞게 말해야겠지만 신앙을 숨겨서도 안 됩니다. 하나님을 믿는 믿음, 그리고 우리가 하나님의 거할 처소라는 진리를 적절하게 드러냅시다.

요한일서 2장은 빛에 속하여 행하는 것이 무엇인지를 구체적으로 가르칩니다. 하나님과 사귐이 있는 사람은 어둠에 속한 행위를 해서는 안 됩니다. 빛에 속하여 행해야 합니다. 요한은 계명을 지키는 것과 그리스도를 아는 것 사이에 긴밀한 관계가 있다고 말합니다. "우리가 그의 계명을 지키면 이로써 우리가 그를 아는 줄로 알 것이요"(3절). 믿음은 숨겨지지 않습니다. 믿음은 마치 불과 같아서 그 빛과 열을 드러냅니다. 특히 본문은 우리가 지켜야 할 계명이 형제 사랑이라고 말합니다. 형제를 사랑하는 자

는 빛 가운데 거합니다(10절). 또한 이 세상에 속한 정욕과 자랑을 버려야 합니다. 이 세상도, 그 정욕도 지나가되 오직 하나님의 뜻을 행하는 자는 영원히 있습니다(17절).

나훔 1장은 니느웨를 향한 하나님의 분노를 말합니다. 하나님은 질투하시고 보복하시며 진노하십니다. 본문은 하나님의 사랑과 공의를 이렇게 표현합니다. "여호와는 노하기를 더디 하시며 권능이 크시며 벌 받을 자를 결코 내버려 두지 아니하시느니라"(3절). 하나님의 사랑을 확신하는 것과 동시에 우리는 하나님의 공의에도 예민해야 합니다. 하나님은 사랑하시면서도 동시에 공의로우십니다. 하나님의 공의가 니느웨를 향한 분노로 나타나고 있습니다. 가장 결정적인 이유는 그들의 우상 숭배입니다(14절). 우상 숭배는 하나님을 대적하는 행위입니다. 하나님께는 어둠이 조금도 없습니다. 하나님과 사귀는 사람은 어둠에 속한 일을 미워합니다. 하나님의 사랑을 입은 사람은 하나님의 공의도 사랑합니다.

누가복음 17장에는 하나님 나라의 제자도가 나옵니다. 예수님은 제자들에게 형제 사랑을 가르치십니다. 작은 한 사람이라도 실족하게 해서는 안 됩니다. 범죄한 형제에게 경고하고 회개했다면 언제든지 용서해 주어야 합니다. 또한 바리새인들이 하나님 나라가 언제 임하냐고 묻자 그 나라는 볼 수 있게 임하는 것이 아니고 우리 안에 있다고 말씀하십니다. 당시 유대인들이 보편적으로 믿었던 것처럼 한 국가가 하나님 나라로 변화되는 것이 아니라, 한 사람이 하나님 나라의 제자로 살아갈 때 하나님 나라가 된다는 뜻입니다. 마지막으로 예수님은 종말의 돌연성을 말씀하십니다. 마지막 날은 마치 노아의 때처럼 그렇게 돌연히 임할 것입니다. 그러므로 우리는 매순간 하나님 나라의 제자로 살아가야 합니다. 롯의 아내와 같이 세상 나라를 뒤돌아보지 말고 오직 하나님 나라를 향해 전진합시다.

12월 December 04

역대하3-4장 • 요한일서3장 • 나훔2장 • 누가복음18장

역대하 3장과 **역대하 4장**은 성전에 관한 상세한 묘사입니다. 본문은 성전의 구조와 규모, 그리고 상태를 말합니다. 또한 성전 안에 들어갈 물건들이 어떠한지도 말합니다. 전체적으로 성전의 웅장함과 화려함을 강조합니다. 주목해 볼 만한 것은 성전을 떠받드는 두 기둥입니다. 야긴과 보아스라고 불립니다. 야긴은 '그가 세울 것이다'라는 뜻이고, 보아스는 '그에게 능력이 있다'는 뜻입니다. 그런 의미에서 이 두 기둥은 하나님께서 능히 당신의 나라와 백성을 세우실 것이라는 의미입니다. 이스라엘 백성들은 성전의 이 두 기둥을 보면서 자기들 가운데 계신 하나님에 대한 믿음을 더욱 굳게 했을 것입니다. 우리도 그렇습니다. 우리 마음속에 이 두 기둥을 굳게 세웁시다. 하나님께서 능히 우리를 당신의 백성으로 세워 가실 것입니다.

요한일서 3장은 하나님의 사랑을 입고 자녀가 된 자가 어떻게 살아야 하는지를 가르칩니다. 우리는 하나님의 사랑을 받고 하나님의 자녀가 되었습니다. 빛의 자녀가 된 것입니다. 그러므로 우리는 그분께서 깨끗하신 것과 같이 깨끗해야 합니다(3절). 죄를 멀리해야 합니다. 하나님은 우리 죄를 없애시려고 예수 그리스도 안에 우리를 굳게 세우셨습니다. 따라서 우리는 미혹당하지 않도록 경계해야 합니다. 또한 형제를 사랑해야 합니다. 형제를 미워하는 것은 가인이 아벨을 죽인 것과 같은 죄입니다. 그리스도께서 그 형제를 위하여 목숨을 버리셨는데, 우리가 그 형제를 미워한다면 이 얼마나 모순된 행동입니까? 형제 사랑은 말과 혀로만 하는 것이 아닙니다. 우리 재물을 나누어서 하는 것입니다. 우리에게 주어진 새 계명은 이것입니다. "그의 계명은 이것이니 곧 그 아들 예수 그리스도의 이름을 믿고 그가 우리에게 주신 계명대로 서로 사랑할 것이니라"(23절). 하나님께서 우리를 능히 당신의 백성으로 만들어 가실 때 우리 역시 힘을 다해 그 백성이 되어 갑시다.

나훔 2장은 니느웨를 향한 하나님의 심판입니다. 니느웨는 자신의 강성함을 자랑했지만 하나님께서 한 번 노를 발하시자 모든 것이 초토화됩니다. 본문은 산성을 지켜 보고 파수꾼을 세워 보고 힘을 다해 굳게 해 보라고 니느웨를 조롱합니다. 어차피 파괴하는 자가 오면 아무 소용이 없기 때문입니다. 병거는 불타고 젊은 군사들은 모조리 죽을 것입니다. 니느웨라는 성읍 자체가 사라질 것입니다. 왕궁은 소멸되고 왕후와 시녀들은 치욕을 당할 것입니다. 말 그대로 완전한 멸망을 당하게 될 것입니다. 하나님 앞에서 사람의 강성함은 아무 소용이 없습니다. 당시 앗수르는 최강대국이었지만 하나님께서 심판하시고자 마음을 먹자 그들이 할 수 있는 것은 없었습니다. 성경이 끝없이 말하고 있는 이 진리, 곧 하나님께 참된 능력이 있다는 이 진리를 굳게 믿읍시다. 그분은 능히 모든 것을 행하실 수 있는 전능자이십니다.

누가복음 18장은 믿음을 강조합니다. 예수님은 불의한 재판관도 끈질기게 매달리는 과부의 원한을 풀어 준다는 비유를 통해 다음과 같이 말씀하십니다. "하물며 하나님께서 그 밤낮 부르짖는 택하신 자들의 원한을 풀어 주지 아니하시겠느냐"(7절). 즉 낙심하지 말고 계속해서 기도하라고 말씀하십니다. 그러기 위해서는 믿음이 필요합니다. 하나님께서 응답해 주신다는 믿음이 기도하도록 만듭니다. 이 믿음은 겸손에서 나옵니다. 자기의 비참하고 무력한 처지를 인정하고 하나님의 능력을 높이 받들 때 기도할 수 있습니다. 맹인 사건이 그것을 잘 가르칩니다. 맹인은 예수님께서 자신의 눈을 뜨게 하실 수 있다는 믿음이 있었습니다. 그래서 사람 틈바구니에서 크게 소리를 질러 예수님의 발걸음을 멈출 수 있었던 것입니다. 예수님은 그의 믿음을 칭찬해 주십니다. 믿음이 필요합니다. 이 굳은 믿음을 가집시다.

역대하 5장 1절부터 **역대하 6장 11절**까지는 성전 봉헌식입니다. 성전 건축을 끝낸 솔로몬은 하나님의 언약궤를 옮겨 옵니다. 지성소에 넣은 후에 제사장과 레위 사람들을 대동하여 예배를 드립니다. 여호와의 영광이 성전에 임합니다. 솔로몬이 성전을 하나님께 봉헌하면서 성전을 어떻게 짓게 되었는지를 말합니다. 솔로몬은 이 모든 것이 하나님의 뜻이었음을 강조합니다. “이제 여호와께서 말씀하신 대로 이루셨도다”(6:10). 하나님은 출애굽 당시에도 성전을 짓지 않으셨고, 가나안에 정착했을 때도 성전을 짓지 않으셨고, 다윗이 성전을 짓겠다고 할 때도 짓지 않으셨습니다. 하나님께서 솔로몬의 때를 택하여 그에게 성전을 짓게 하셨습니다. 우리의 정성보다 하나님의 뜻과 의지가 중요합니다. 하나님은 모든 것을 당신의 기쁘신 뜻대로 이루시기 때문입니다.

요한일서 4장은 다시 한 번 형제 사랑을 강조합니다. 이 세상에는 거짓 교사들이 많습니다. 그들은 세상에 속한 자로 세상에 속한 말을 합니다. 세상에 속한 자들은 그 말에 미혹을 당합니다. 그러나 하나님께 속한 자는 하나님께 속한 말을 듣습니다. 하나님께 속한 말은 사랑입니다. 하나님의 사랑은 독생자 예수 그리스도를 통해 나타났습니다. 그러므로 예수 그리스도를 시인하는 자가 하나님께 속한 자입니다. 또한 형제를 사랑하는 자가 하나님께 속한 자입니다. 사랑은 하나님께 속해 있기 때문입니다. “누구든지 하나님을 사랑하노라 하고 그 형제를 미워하면 이는 거짓말하는 자니 보는바 그 형제를 사랑하지 아니하는 자는 보지 못하는바 하나님을 사랑할 수 없느니라”(20절).

나훔 3장은 완전한 멸망을 당하는 니느웨가 얼마나 악했는지를 밝힙니다. 그곳에서는 거짓이 가득하고 포악이 가득하며 탈취가 떠나지 않았습니다. 실제 역사를 살펴보면, 앗수르인은 사람의 손과 발과 귀와 코를 잘라서 성문 앞에 쌓아 두었다고 합니다. 그들은 이 잔인한 행동의 대가를 그대로 돌려받습니다. 채찍에 맞고 병거에 치이고 말에 깔려 죽습니다. 성읍 안에 시체 더미가 있습니다. 하나님은 니느웨가 이토록 잔인한 보복을 당하는 이유를 말씀하십니다. "그가 그의 음행으로 여러 나라를 미혹하고 그의 마술로 여러 족속을 미혹하느니라"(4절). 앗수르가 다른 나라를 강탈한 죄를 이렇게 표현한 것입니다. 결국 그들은 망할 것입니다. 물을 길어 대비하고 산성들을 견고하게 하여 대비해도 멸망을 막을 수는 없습니다. 모든 나라가 앗수르의 멸망을 보고 손뼉을 치며 좋아할 것입니다. 힘이 있다고 남을 괴롭히는 자는 반드시 보복을 당합니다. 높은 자리에 있다고 낮은 자를 착취하는 자도 반드시 심판을 당합니다. 하나님은 공의로우십니다.

누가복음 19장은 하나님 나라를 준비하며 살 것을 말합니다. 예수님은 열 므나 비유를 통해 착한 종과 악한 종을 비교하십니다. 악한 종은 주인이 맡긴 것을 수건에 싸 둡니다. 아무것도 하지 않은 것입니다. 주인은 그를 악한 종이라고 말하고 그가 가지고 있는 것을 빼앗습니다. 이 비유는 우리가 하나님 나라를 항상 준비하며 살아야 한다는 교훈을 가르칩니다. 주인이 오면 자기가 맡긴 것을 셈하듯이 하나님 나라가 임하면 우리는 하나님 앞에서 헤아림을 받을 것입니다. 그러므로 항상 깨어 준비해야 합니다. 하나님의 뜻이 무엇인지를 살펴야 하고, 하나님께 속한 자로 살고 있는지를 점검해야 하며, 하나님의 공의를 생각하며 살아야 합니다. 하나님 나라의 제자는 오늘 우리에게 맡겨진 삶을 하나님의 영광을 위하여 살아갑니다.

12월 December 06

역대하6:12-42 • 요한일서5장 • 하박국1장 • 누가복음20장

역대하 6장 12-42절은 솔로몬의 기도입니다. 이 기도는 언약에 신실하신 하나님을 고백하며 시작합니다. 하나님께서 아버지 다윗에게 허락하신 말씀을 지키셔서 오늘까지 왔다고 고백합니다. 또한 하나님께서 성전에서 기도를 들어주시기를 간구합니다. 그리고 몇 가지 간구를 더하는데, 이 성전에서 공의를 행하시기를, 전쟁과 재앙에서 건져 주시기를, 이방인의 기도도 들어주시기를, 사로잡혀 갔을 때에 용서해 주시기를 구합니다. 결론적으로 하나님께서 늘 함께하시기를 간구합니다. "여호와 하나님이여 일어나 들어가사 주의 능력의 궤와 함께 주의 평안한 처소에 계시옵소서"(41절). 솔로몬의 기도는 일종의 교훈이요 예언입니다. 역대기의 독자는 이 기도를 읽으며 아마 눈물을 흘렸을 것입니다. 하나님의 성전 앞에서 이와 같이 기도하였으면 망하지 않았을 것이라 생각했을지도 모릅니다. 동시에 포로 된 자리에서 성전을 향하여 간구할 때 하나님께서 용서해 주시길 바라는 기도문을 보고는 곧장 기도했을 것입니다. 기도할 수 있다는 것은 정말 큰 축복입니다. 성도는 최악의 상황에서도 하나님을 바라보며 기도할 수 있는 자입니다. 우리에게 주어진 이 놀라운 축복을 누릴 수 있기를 바랍니다.

요한일서 5장은 하나님께 속한 자로 어떻게 살아야 하는지를 반복해서 가르칩니다. 하나님께 속한 자는 예수님께서 그리스도이심을 믿습니다. 하나님을 사랑하고 예수님을 사랑합니다. 그리고 이 사랑은 하나님의 계명을 지키게 합니다. "하나님을 사랑하는 것은 이것이니 우리가 그의 계명들을 지키는 것이라 그의 계명들은 무거운 것이 아니로다"(3절). 하나님께

속한 자는 세상을 이깁니다. 세상에 속한 죄를 짓지 않습니다. 하나님께서 그를 지키셔서 악한 자가 만지지도 못하게 하십니다. 그러므로 우리는 하나님께 속한 자로 우리 자신을 지켜서 우상을 멀리해야 합니다(21절).

하박국 1장은 비틀어진 세상을 보며 호소하는 하박국 선지자의 질문입니다. 하박국 선지자는 하나님을 향해 묻습니다. "어찌하여 내게 죄악을 보게 하시며 패역을 눈으로 보게 하시나이까"(3절). 율법이 해이하고 정의가 전혀 시행되지 않는데도 하나님께서 손을 놓고 계신 것처럼 보인 것입니다. 하박국 선지자의 질문에 하나님은 갈대아 사람들을 통해 심판을 준비하고 있다고 말씀하십니다. 하박국 선지자는 갈대아 사람들처럼 악한 이들에게 심판을 맡기셔도 되는지를 다시 묻습니다. "그가 그물을 떨고는 계속하여 여러 나라를 무자비하게 멸망시키는 것이 옳으니이까"(17절). 본문은 정의에 관한 논쟁입니다. 정확한 답변은 아직 나오지 않지만, 하나님께서 이 논쟁에 답하고 계신다는 점이 중요합니다. 하나님은 우리의 의문에 답을 주십니다. 우리의 갈등에 해답을 제공하십니다. 하나님께서 말씀하시기 때문에 우리가 하나님을 믿을 수 있는 것입니다. 의문과 갈등을 들고 하나님께 나아가 물읍시다. 하나님께서 응해 주실 것입니다.

누가복음 20장은 예루살렘 성전에서 벌어진 논쟁입니다. 예루살렘으로 들어오신 예수님은 대제사장들과 서기관들과 장로들과 논쟁하십니다. 그러나 그들은 믿기 위해 질문하지 않았습니다. 그들은 예수님께 흠집 내기 위해 질문했습니다. 그렇기에 그들은 예수님께서 질문에 옳은 답을 주셨음에도 불구하고 예수님을 믿지 않았습니다. 믿기 위하여 의문을 품고 질문한다면 하나님께서 모두 응답해 주시겠지만 믿지 않기 위하여 논쟁을 건다면 그는 믿음을 얻지 못할 것입니다.

12월 December 07

역대하7장 • 요한이서1장 • 하박국2장 • 누가복음21장

역대하 7장은 하나님께서 성전을 받아 주시는 장면입니다. 솔로몬의 기도가 끝나고 하나님께서 성전을 찾아오십니다. 하나님의 영광이 성전에 임한 것입니다. 왕과 백성들이 하나님께 기쁘게 예배를 드립니다. 솔로몬이 성전과 왕궁 건축을 모두 마쳤을 때, 하나님께서 다시 찾아오셔서 이곳에서 하는 기도에 귀를 기울이겠다고 약속하십니다. 그러나 이것이 자동으로 이루어지는 것은 아닙니다. 그 마음이 하나님께 기울어져 있을 때 하나님께서 응답해 주십니다. 아무리 성전에서 기도한다 할지라도 하나님을 경시하며 하는 것이라면 응답받을 수 없습니다. 오히려 징계를 받을 것입니다. 외적 상징물이 아니라 내적 믿음을 단단하게 만들어 갑시다. 하나님은 우리의 중심을 보십니다.

요한이서 1장은 미혹하는 자를 주의하라는 권면입니다. 요한은 아버지 하나님께 받은 계명대로 진리를 행하는 자를 보고 심히 기쁘다고 말합니다. 서로 사랑하자는 새 계명을 지키는 것이 참된 진리에 속한 모습입니다. 그런데 당시에는 거짓 교사들이 많이 등장했습니다. 그들은 예수님께서 육체로 오셨음을 부정했습니다. 그리고 그리스도의 교훈을 부정했습니다. 요한은 이와 같은 거짓 교사들에게 미혹당하지 말 것을 신신당부합니다. 심지어 그들을 집에 들이지도 말고 그들에게 인사도 하지 말라고 명합니다. 거짓과 섞이는 것은 그 거짓에 참여하는 것입니다. 거짓된 교훈과 거짓된 교훈을 전하는 사람을 주의해야 합니다. "그에게 인사하는 자는 그 악한 일에 참여하는 자임이라"(11절).

하박국 2장은 하나님의 대답입니다. 하박국 선지자는 왜 하나님께서 악한 자를 들어 선한 자를 치시는지 묻고 답을 기다립니다. 하나님께서 대답하십니다. "보라 그의 마음은 교만하며 그 속에서 정직하지 못하나 의인은 그의 믿음으로 말미암아 살리라"(4절). 의인은 하나님을 끝까지 믿습니다. 비록 악이 선을 압도하고 악인이 의인보다 형통하는 현실이 계속된다 하여도 의인은 하나님의 공의를 끝까지 믿습니다. 물론 악을 눈앞에서 보면서 이 믿음을 지키는 것은 쉬운 일이 아닙니다. 그러나 하나님은 질문하는 하박국 선지자에게 참된 믿음을 요구하고 계십니다. 그러면서 동시에 하나님께서 악인을 반드시 심판하실 것이라고 말씀하십니다. 포악하여 사람들의 피를 흘리게 하는 자, 부당한 이익을 취하는 자, 불의를 행하는 자, 우상을 섬기는 자들은 반드시 심판을 받을 것입니다. 본문은 믿음을 요구하고 있습니다. 성경적인 믿음은 당장에 보이지 않아도 하나님께서 말씀하셨으니 이루어질 것을 믿는 것입니다. 악의 문제는 쉽게 풀이되는 것이 아니지만 그래도 우리는 믿음을 갖고 하나님을 올려 볼 수 있어야 합니다.

누가복음 21장은 심판의 날을 말합니다. 어떤 사람들이 당시의 성전을 보면서 그 아름다운 돌과 헌물로 꾸민 것을 예수님께 자랑합니다. 눈에 보이는 것을 신뢰한 것이고, 하나님께서 중심을 보신다는 것을 잊은 것입니다. 예수님은 그들이 자랑하는 이 화려한 성전이 완전히 파괴될 것이라고 예언하십니다. 실제로 예루살렘 성전은 주후 70년경에 로마군에게 파괴당합니다. 우리는 역사를 통해 교훈을 얻어야 합니다. 보이는 외형에 지나친 신뢰를 보내서는 안 됩니다. 이 세상의 외형은 지나갑니다. 하나님의 역사는 우리가 볼 수 없는 곳에서 진행됩니다. 그러므로 당장에 이해가 되지 않아도 하나님의 성품을 신뢰하며 말씀을 믿고 기다려야 합니다. 하나님은 말씀하신 것을 꼭 이루십니다.

12월 December 08

역대하8장 • 요한삼서1장 • 하박국3장 • 누가복음22장

역대하 8장은 솔로몬의 번영을 보여 줍니다. 솔로몬은 이십 년 동안 건축을 했습니다. 그 후에도 후람이 되돌려 준 성읍들을 건축해서 이스라엘 백성들이 살게 했습니다. 솔로몬은 정복한 곳에 성읍을 계속하여 건축했습니다. 또한 솔로몬은 바로의 딸을 아내로 맞이하고 그녀를 위하여 왕궁을 건축합니다. 건축을 이토록 많이 하였다는 것은 솔로몬의 부강함을 보여 줍니다. 솔로몬은 아버지 다윗의 규례대로 성전을 돌보게 했습니다. 솔로몬의 부강함이 어디에서 나왔는지를 보여 줍니다. 솔로몬이 하나님과 성전을 중심으로 살 때 하나님은 그에게 약속하신 복을 더해 주셨습니다. 우리는 여기에서 하나님을 중심으로 사는 것이 얼마나 중요한지를 배울 수 있습니다.

요한삼서 1장은 교회 안에서 어떻게 성도가 교제해야 하는지를 가르칩니다. 형제 곧 나그네 된 자들에게 행하는 것은 신실한 일입니다. 그러므로 우리는 항상 형제들에게 사랑을 보여야 합니다. 그러나 분별력도 필요합니다. 요한은 으뜸 되기를 좋아하는 디오드레베를 어떻게 대해야 하는지를 가르칩니다. 그는 요한의 일행을 악한 말로 비방하였고 형제들을 맞아들이지도 않았으며 맞아들이고자 하는 자마저 쫓아내 버렸습니다(10절). 디오드레베 같은 자가 교회의 지도자일 때, 우리는 그를 온전히 분별할 수 있어야 합니다. 그가 악을 행하는 자임을 알아야 합니다. 그래야 그를 본받지 않을 수 있습니다. 형제들을 항상 기쁘게 맞이합시다. 특히 나그네 된 형제들을 더욱 기쁘게 맞이합시다. 그것은 신실한 일입니다.

하박국 3장은 하박국 선지자의 응답입니다. 믿음을 요구하시는 하나님의 대답을 듣고 난 후 하박국 선지자는 기도합니다. 당장에 무슨 일이 일어난 것은 아니지만, 그는 하나님께서 영광 중에 오셔서 악인들을 심판하실 것을 확신합니다. "주께서 노를 발하사 땅을 두르셨으며 분을 내사 여러 나라를 밟으셨나이다"(12절). 그의 믿음이 굳건해진 것입니다. 심지어 그는 이렇게 고백합니다. "비록 무화과나무가 무성하지 못하며 포도나무에 열매가 없으며 감람나무에 소출이 없으며 밭에 먹을 것이 없으며 우리에 양이 없으며 외양간에 소가 없을지라도 나는 여호와로 말미암아 즐거워하며 나의 구원의 하나님으로 말미암아 기뻐하리로다"(17-18절). 눈앞에 풍요와 행복이 없어도 오직 하나님으로 말미암아 기뻐할 수 있다는 하박국 선지자의 믿음은 1장과는 사뭇 다릅니다. 하나님의 말씀에서 확신을 얻었기 때문입니다. 하나님의 말씀을 읽어야 합니다. 들어야 합니다. 하나님의 말씀이 우리 심령에 확신을 주기 때문입니다.

누가복음 22장은 유월절 만찬과 재판을 받는 예수님 이야기입니다. 유월절입니다. 이제 예수님은 유월절 어린양처럼 피를 흘리실 것입니다. 그날에 예수님은 떡과 포도주로 만찬을 베푸시고 당신의 죽음을 알리십니다. 예수님께서 체포되십니다. 그리고 공회 앞에 서서 재판을 받으십니다. 왕이요 재판장이신 예수님께서 사람 앞에서 재판을 받고 계신 것입니다. 그러나 이 참담한 일은 하나님의 뜻이었습니다. 하나님의 지혜는 이 참담한 사건을 통해서 영광스러운 구원을 이루어 내셨습니다. 제자들마저 예수님을 배신할 만큼 현재 상황은 비참하지만, 하나님은 이 사건을 들어 우리에게 기쁨을 주셨습니다. 이것이 하나님의 사역입니다. 그러므로 우리는 지금의 형편이 아니라 장차 올 영광을 생각하며 소망 안에서 인내합시다. 죽으심으로 높아지신 예수 그리스도 안에서 우리 모두가 영광을 받게 될 것입니다.

12월 December 09

역대하9장 • 유다서1장 • 스바냐1장 • 누가복음23장

역대하 9장에는 솔로몬의 영광이 나옵니다. 솔로몬의 명성을 듣고 스바 여왕이 찾아옵니다. 어려운 질문으로 솔로몬을 시험했지만 오히려 그의 지혜에 감탄하며 많은 재물을 바칩니다. 본문은 솔로몬이 가지고 있는 재산을 기록합니다. 또한 솔로몬이 열왕들에게 예물을 받았다고 보고합니다. 솔로몬의 영광이 나오는 이 장에서 가장 중요한 말씀은 이것입니다. "솔로몬왕의 재산과 지혜가 천하의 모든 왕들보다 큰지라"(22절). 본문에서 솔로몬왕은 그리스도의 모형입니다. 솔로몬이 평생 동안 신실하게 살지는 못했지만 그가 보여 준 지혜와 영광과 삶은 왕이신 그리스도를 일부 보여 줍니다. 솔로몬의 지혜를 듣고 열왕들이 찾아와 예물을 바친 것처럼, 만군의 왕이신 예수 그리스도 앞에 모든 권세가 무릎을 꿇을 것입니다. 솔로몬의 풍요와 영광이 모든 왕들 위에 있었던 것처럼, 그리스도의 풍요와 영광은 천하만국에서 볼 수 있는 정도일 것입니다. 솔로몬 정도의 신실함으로도 하나님께서 그토록 큰 복을 주셨다면, 완전하신 예수 그리스도께는 얼마나 큰 복이 있겠습니까? 그리스도 안에 거하는 성도는 그 큰 복과 풍요와 영광을 함께 누립니다. 그리스도의 영광을 찬양합시다.

유다서 1장은 주 예수 그리스도를 굳건히 붙들 것을 권합니다. 우리는 성도에게 단번에 주신 믿음의 도를 위하여 힘써 싸워야 합니다. 교회 안에 가만히 들어온 거짓 교사들이 있기 때문입니다. 그들은 하나님의 주재이신 곧 우리 주 예수 그리스도를 부인합니다. 그들은 하나님의 은혜를 방탕한 것으로 바꾸어 가르칩니다. 그들은 이성 없는 짐승 같고 자기 몸만 기르는 목자이며 열매가 없는 가을 나무입니다. "이 사람들은 원망하는 자

며 불만을 토하는 자며 그 정욕대로 행하는 자라"(16절). 그러므로 성도는 이들을 분별해야 합니다. 그리고 자신을 거룩한 믿음 위에 세워야 합니다. 성령으로 기도하고 하나님의 사랑 안에서 자신을 지켜야 합니다. 하나님께서 능히 우리를 보호해 주실 것입니다.

스바냐 1장은 여호와의 날을 예고합니다. 그날에는 하나님께서 땅 위의 모든 것을 진멸하실 것입니다. 유다와 예루살렘에 남아 있는 바알을 멸절하실 것이고 온갖 우상과 미신들도 모두 쓸어버리실 것이며 그들을 섬긴 자들도 멸절하실 것입니다. 이 무서운 여호와의 날이 다가오고 있습니다. "여호와의 큰 날이 가깝도다 가깝고도 빠르도다"(14절). 여호와께서 분노하시는 그날에는 악인들이 능히 견디지 못할 것입니다.

누가복음 23장은 예수 그리스도께서 십자가에 못 박히시는 장면입니다. 빌라도 총독, 헤롯왕, 대제사장들과 관리들, 그리고 백성들이 모두 공범입니다. 그들이 예수님을 십자가에 넘깁니다. 그러나 예수님은 십자가 위에서 그들을 위해 기도하십니다. "아버지 저들을 사하여 주옵소서 자기들이 하는 것을 알지 못함이니이다"(34절). 제육시쯤 성소의 휘장이 찢어지고 예수님께서 십자가에서 죽으십니다. 왕이신 예수님께서 죄인처럼 십자가에서 죽으신 것입니다. 그러나 이 십자가 사건은 여호와의 날에 우리의 안식처가 될 것입니다. 하나님께서 모든 죄인들을 멸절하시는 그날에 우리의 모든 죄를 짊어지고 십자가에서 죽으신 예수님으로 말미암아 우리는 안전할 것이기 때문입니다.

역대하 10장은 이스라엘의 분열을 말합니다. 솔로몬의 아들 르호보암이 왕이 됩니다. 평생 건축을 시도했던 솔로몬 때문에 백성들이 고생을 많이 했습니다. 그래서 르호보암에게 찾아와 이 무거운 멍에를 가볍게 해 달라고 부탁합니다. 르호보암은 원로들의 지혜를 버리고 젊은 신하들의 견해를 따릅니다. 더 강하게 몰아붙인 것입니다. 결국 여로보암과 백성들이 반기를 듭니다. 르호보암은 유다 성읍에 사는 자들만이 따를 뿐이었습니다. 이스라엘이 두 조각 난 것입니다. 인애와 자비는 하나님께서 사람에게 요구하시는 바입니다. 하나님은 사람에게 긍휼을 보이셨고, 또한 그 긍휼을 받은 사람이 긍휼을 보여 주기를 원하셨습니다. 특히 지도자라면 더욱 그러해야 합니다. 그러나 르호보암은 인애와 자비보다는 군림과 포학을 보였습니다. 르호보암은 그리스도와 같이 섬기는 왕이 아니었습니다. 이제 이스라엘은 왕의 신앙과 함께 일어나기도 하고 넘어지기도 합니다.

요한계시록 1장에는 교회의 왕이 되시는 예수님이 나옵니다. 예수님께서 요한에게 천사를 보내셔서 반드시 속히 일어날 일을 미리 알게 하십니다. 그리고 이것을 에베소, 서머나, 버가모, 두아디라, 사데, 빌라델비아, 라오디게아 등 일곱 교회에 알리라고 말씀하십니다. 환상 중에 나타나신 예수님은 일곱 촛대 사이를 걷고 일곱 별을 잡고 계십니다. 일곱 촛대는 일곱 교회이고, 일곱 별은 일곱 교회의 사자입니다(20절). 곧 예수님께서 일곱 교회의 왕이 되심을 의미합니다. 일곱 교회는 모든 교회를 뜻하는데, '7'이라는 완전수를 사용한 상징입니다. 예수님은 교회의 왕이십니다.

스바냐 2장은 여호와의 날에 이방 국가가 당할 심판을 말합니다. 여호와의 날이 임하면 블레셋의 도시들이 심판을 당할 것입니다. 또한 모압과 암몬도 심판을 당할 것입니다. 구스도 심판을 당할 것입니다. 하나님은 이 심판이 그들의 교만 때문이라고 말씀하십니다. "그들이 내 백성을 비방하고 자기들의 경계에 대하여 교만하였느니라"(8절). 그러나 그날에 모든 사람들이 심판을 당하는 것은 아닙니다. 겸손한 자들은 구원을 얻을 것입니다. "여호와의 규례를 지키는 세상의 모든 겸손한 자들아 너희는 여호와를 찾으며 공의와 겸손을 구하라 너희가 혹시 여호와의 분노의 날에 숨김을 얻으리라"(3절). 우리가 인생의 왕이 아닙니다. 그리스도께서 인생의 왕이시요 교회의 왕이십니다. 그러므로 자기가 왕인 것처럼 살아서는 안 됩니다. 겸손한 자는 하나님께 은혜를 얻겠지만 교만한 자는 하나님의 징계를 받기 때문입니다.

누가복음 24장은 그리스도의 부활과 승천을 말합니다. 무덤에 묻히신 예수님께서 안식 후 첫날 새벽에 살아나셨습니다. 먼저 여인들에게 나타나시고 엠마오로 가는 길에서 제자들에게 나타나셨습니다. 그리고 열한 제자들에게도 나타나셨습니다. 그리스도의 부활은 그리스도께서 죽음에서 승리하셨음을 알립니다. 또한 그리스도 안에 속한 모든 자들도 죽음에서 승리할 것을 알립니다. 그리스도는 우리의 왕이 되시기 때문입니다. 그러므로 우리는 여호와께서 진노하시는 날에도 안전합니다. 심판 가운데서도 안식을 누립니다. 그리스도께서 우리의 왕이시기 때문입니다. 그리스도를 높여 찬양합시다.

역대하 11장과 **역대하 12장**은 르호보암의 어리석음을 말합니다. 르호보암이 자기를 따르는 유다와 베냐민을 모읍니다. 나머지 지파와 싸우려고 한 것입니다. 이때 하나님께서 스마야 선지자를 통해 이 싸움을 하지 말 것을 명합니다. 이 싸움에서 물러선 르호보암이 잠시 부강해진 일이 있었습니다. 북이스라엘의 여로보암이 금송아지를 만들어 제사장들과 레위 사람들이 르호보암을 찾아옵니다. 그때 르호보암이 그들을 받아들입니다. 하나님은 이 사건으로 말미암아 르보호암을 강성하게 해 주셨습니다. 하나님께 속한 자에게 하나님께서 얼마나 큰 자비를 베푸시는지 알 수 있습니다. 그러나 르호보암은 나라가 견고하고 세력이 강해지자 하나님의 율법을 버립니다. 백성들도 왕을 따릅니다. 그 때문에 애굽 왕 시삭의 공격을 받아 위기에 처하는데, 르호보암을 비롯한 백성들이 하나님께 간구합니다. 하나님은 또한 이 간구를 받아 주셔서 그들이 완전히 망하지 않도록 하십니다. 본문을 통해 우리는 끝없이 자비를 베푸시는 하나님의 성품을 볼 수 있습니다. 하나님은 자기에게 나아오는 자를 항상 선대하십니다. 겸손히 하나님 앞에 나아갑시다. 하나님께서 정말로 기뻐하실 것입니다.

요한계시록 2장은 에베소, 서머나, 버가모, 두아디라 교회에게 전하는 예수님의 말씀입니다. 첫째, 에베소교회를 향해서는 수고와 인내, 그리고 악한 자들을 용납하지 않은 것을 칭찬하십니다. 그러나 처음 사랑을 버린 것은 꾸중하십니다. 둘째, 서머나교회를 향해서는 환난과 궁핍 속에서도 끝까지 충성한 것을 칭찬하십니다. 셋째, 버가모교회를 향해서는 죽기까지 충성한 것을 칭찬하신 후에 발람과 니골라당의 교훈을 따르는 자들이 교회 안에 있음을 꾸중하십니다. 넷째, 두아디라교회를 향해서는 열심을 칭찬하십니다. 그러나 거짓 선지자 이세벨을 용납한 것을 꾸중하십니다. 우리는 교회를 향한 예수님의 말씀을 귀담아 들어야 합니다. 우리는 비록 완전한 구원을 얻은 자이지만, 동시에 우리는 지금 여기에서 여전히 싸워야 할 일이 남아 있는 자들입니다. 교회의 왕이 되시는 예수님의 말씀에 귀를 기울이고, 그 말씀을 따라 전투하는 교회가 됩시다.

스바냐 3장은 심판과 구원을 말합니다. 이방 국가를 향한 심판은 사실 이스라엘을 향한 경고입니다. 그러나 이 경고를 받지 않을 때 이스라엘도 심판을 받을 수밖에 없습니다. 하나님은 예루살렘이 당신을 떠났다고 말씀하십니다. 명령을 듣지 않고 교훈을 받지 않습니다. 하나님께 가까이 나아가지도 않습니다. 방백과 선지자와 제사장과 재판장들이 모두 하나님 앞에서 죄를 짓습니다. 결국 심판 선언을 받고 맙니다. 그러나 하나님은 당신의 백성을 기어코 회복하실 것입니다. 형벌을 제거하시고 원수를 쫓아내실 것입니다. "너희 하나님 여호와가 너의 가운데에 계시니 그는 구원을 베푸실 전능자이시라"(17절). 그분께서 그렇게 하시는 이유는 당신의 백성을 참으로 사랑하시기 때문입니다.

요한복음 1장에는 말씀이신 예수 그리스도가 나옵니다. 예수님은 말씀이요 생명이요 빛이십니다. 참 빛이 되신 예수님께서 이 땅에 오셨지만 세상이 그분을 알아보지 못했습니다. 그러나 영접하는 자 곧 그 이름을 믿는 자는 하나님의 자녀가 되는 권세를 얻습니다(12절). 이 예수님의 길을 예비하기 위해 세례 요한이 보내심을 받습니다. 예수님은 세례 요한에게 세례를 받고 그리스도의 사역을 시작하시는데, 가장 먼저 제자들을 부르십니다. 하나님은 당신의 백성을 구원하시기 위해 말씀이요 생명이요 빛이신 예수님을 보내셨습니다. 예수 그리스도를 믿는 자는 하나님께서 진노하시는 날에도 평안을 누립니다. 그리스도를 알고 그리스도를 믿읍시다.

12월 December **12** 역대하13장 • 요한계시록3장 • 학개1장 • 요한복음2장

역대하 13장은 아비야와 여로보암의 싸움에서 유다를 구원하시는 하나님의 이야기입니다. 르호보암의 뒤를 이은 아비야는 여로보암과 전쟁을 벌입니다. 아비야는 여로보암이 배신했다고 비난하며 이 전쟁의 정당성을 주장합니다. 그러나 북이스라엘과 남유다의 군사력은 심하게 기울어져 있었습니다. 전쟁 초기 남유다가 패전 위기에 처합니다. 그때 하나님께서 아비야와 남유다를 도와 북이스라엘을 치십니다. 본문은 아비야가 점점 강성해져 갔다고 전합니다(21절). 이 전쟁은 사실 신학적인 전쟁입니다. 여로보암은 금송아지를 만들어 백성들로 하여금 우상을 섬기게 하였을 뿐만 아니라 하나님의 제사장과 레위 사람들을 모두 쫓아냈습니다. 하나님이 없는 나라를 만들어 버린 것입니다. 반면에 아비야는 우리가 하나님을 배반하지 않았다고 말합니다. 하나님은 이 전쟁에서 아비야와 남유다의 손을 들어 주심으로 그들에게 신학적인 정당성이 있다고 확증하십니다. 하나님 편에 서는 자는 승리를 얻습니다.

요한계시록 3장은 사데, 빌라델비아, 라오디게아 교회에게 전하는 예수님의 말씀입니다. 첫째, 사데교회를 향해서는 이름은 살아 있으나 실상은 죽은 교회라고 말씀하십니다. 둘째, 빌라델비아교회를 향해서는 작은 능력을 갖고 끝까지 주님을 섬겼다고 칭찬하십니다. 셋째, 라오디게아교회를 향해서는 차지도 뜨겁지도 않은 미지근한 신앙을 꾸중하십니다. 예수님은 교회의 크기나 규모를 보지 않으십니다. 교회의 재정적인 능력이나 유명세를 보지 않으십니다. 예수님은 겉모습에 속지 않으십니다. 그러므로 우리는 예수님께서 교회에게 하신 말씀을 잘 듣고 우리 주님께서 무엇

을 중요하게 여기시는지 배워야 합니다. 예수님은 당신의 교회를 향한 잣대를 갖고 계십니다.

학개 1장은 미뤄 두었던 성전 재건을 독려하는 말씀입니다. 포로 생활에서 돌아온 지 시간이 좀 흘렀습니다. 그러나 성전 재건은 요원했습니다. 백성들이 성전 건축 시기가 아직 안 되었다고 생각하고 있었기 때문입니다(2절). 그러나 정작 자신들의 집은 잘 꾸며 놓고 지냈습니다. 하나님은 학개 선지자를 통해 이 부분을 지적하십니다. 그리고 아무리 열심을 다해도 수확물을 얻지 못하는 벌을 내리십니다. 드디어 스룹바벨과 대제사장 여호수아가 선지자 학개의 말을 듣고 성전 공사를 시작합니다. 본문은 우리에게 무엇이 중요한지를 결정하게 합니다. 정말 중요한 것이 무엇입니까? 우리의 삶도 중요하지만 그것보다 중요한 것은 우리의 신앙입니다. 우리 마음속에 하나님께서 거하실 처소를 짓는 것보다 중요한 것은 없습니다. 하나님을 중심으로 우리 삶의 가치를 결정해 나갑시다.

요한복음 2장은 성전을 깨끗하게 하시는 예수님에 관한 이야기입니다. 가나 혼인 잔치를 통해 즐거운 소식을 전파하신 예수님께서 유월절을 맞아 예루살렘 성전으로 가십니다. 그곳에는 장사를 하며 성전을 어지럽히는 사람들이 있었습니다. 예수님은 그들을 모두 쫓아내고 이렇게 말씀하십니다. "내 아버지의 집으로 장사하는 집을 만들지 말라"(16절). 그리고 예수님 당신께서 성전이 되심을 알리십니다. 성전을 세운다는 것은 교회 건물을 만든다는 뜻이 아닙니다. 성전이 되신 예수 그리스도를 믿고, 그로 말미암아 우리 안에 거하시는 성령을 위해 우리 자신을 성전으로 만들어 가는 것입니다. 그리스도를 알고 그분을 믿는 것이 다른 무엇보다 앞서 있어야 합니다. 또한 우리 자신을 거룩하게 만들어 가는 일이 다른 것보다 우선순위여야 합니다. 그것이 성전을 만듭니다.

12월 December 13

역대하14-15장 • 요한계시록4장 • 학개2장 • 요한복음3장

역대하 14장과 **역대하 15장**은 아사 왕 이야기입니다. 남유다는 아비야 뒤를 이어 아사가 왕이 됩니다. 아사는 선한 왕이었습니다. 우상을 제거하고 율법을 행하도록 하였습니다. 하나님께서 아사왕에게 평안과 형통을 주셨습니다. 아사왕은 선지자 아사랴의 말을 듣고 더 강한 개혁을 추진합니다. 나라 안에 있는 가증한 물건들을 모두 제거한 것입니다. 그는 어머니 마아가가 아세라의 목상을 만들었을 때, 그 태후의 자리를 폐할 만큼 철저했습니다. 하나님께서 아사와 함께하셨고, 그로 말미암아 평안을 누렸습니다. 선한 왕과 함께하는 백성들은 평안을 누립니다. 본문은 그것을 계속해서 가르칩니다. 선한 왕이 되시는 예수 그리스도 안에 있는 백성들도 평안을 누립니다. 모든 우상을 폐하시는 선한 왕 예수 그리스도를 섬기시기를 바랍니다.

요한계시록 4장은 하늘에서 펼쳐지는 예배를 보여 줍니다. 하늘 문이 열리고 요한이 그곳으로 올라갑니다. 보좌 위에 앉으신 이가 있고 그 곁에 이십사 장로들이 앉아 있습니다. 보좌 주위에 네 생물이 있는데, 그들은 밤낮 쉬지 않고 찬양을 합니다. 이십사 장로들도 보좌에 앉으신 이 앞에 엎드려 경배를 드립니다. 보좌에 앉으신 이는 하나님이십니다. 그분은 온 세상을 통치하는 왕이십니다. 이십사 장로들은 구약과 신약의 성도들을 상징합니다. 즉 이 환상은 하늘의 보좌를 중심으로 천사와 성도들이 함께 경배를 드리는 장면인 것입니다. 하나님을 중심으로 사는 것이 바로 예배입니다. 예배는 성도의 마땅한 의무입니다. 항상 하나님을 중심으로 살아가는 성도들이 됩시다.

학개 2장은 하나님께서 성전 재건을 하는 이들을 축복하시는 말씀입니다. 과거 솔로몬의 성전에 비해 새로 짓고 있는 성전은 작고 초라했습니다. 그래서 누군가는 이 성전이 보잘것없다고 손가락질을 했습니다. 그러나 하나님은 이 성전에 영광이 충만하게 해 주실 것이라고 약속하십니다. 이 성전을 통해 복을 주시겠다고도 약속하십니다. "오늘부터는 내가 너희에게 복을 주리라"(19절). 성전은 상징일 뿐입니다. 성전을 통해서 하나님 중심의 인생을 사는 것이 더 중요합니다. 하나님은 이스라엘이 성전을 짓고 그 안에서 하나님을 예배하며 하나님의 율법대로 살아가기를 원하시는 것이지 겉만 화려한 성전 건물을 원하시는 것이 아닙니다. 한편 하나님은 스룹바벨을 그리스도의 모형으로 말씀하십니다(23절). 무너진 성전을 회복하는 자, 그가 곧 그리스도입니다.

요한복음 3장에는 예수님의 그리스도 되심이 나옵니다. 한밤중에 니고데모가 찾아옵니다. 예수님은 니고데모에게 중생의 비밀을 가르치시는데, 당신을 그리스도로 알리십니다. "하나님이 세상을 이처럼 사랑하사 독생자를 주셨으니 이는 그를 믿는 자마다 멸망하지 않고 영생을 얻게 하려 하심이라"(16절). 세례 요한은 예수님의 그리스도 되심을 확정하며 이렇게 말합니다. "그는 흥하여야 하겠고 나는 쇠하여야 하리라"(30절). 그러면서 예수님을 위로부터 오신 이라고 말합니다. 예수 그리스도는 모든 성경의 중심입니다. 예수 그리스도로 말미암아 구약이 완성되고 신약이 시작됩니다. 예수 그리스도를 통하여 성경을 읽어 나갈 때 우리는 거듭남의 비밀을 깨달을 수 있습니다.

12월 December 14

역대하16장 • 요한계시록5장 • 스가랴1장 • 요한복음4장

역대하 16장에는 아사의 실패가 나옵니다. 이스라엘의 왕 바아사가 유다를 치기 위해 라마를 건축합니다. 위기를 느낀 아사왕이 아람 왕 벤하닷에게 뇌물을 보내며 구원을 요청합니다. 이 사건은 하나님을 의지하지 않은 것으로 선견자 하나니에게 고발당합니다. “왕이 아람 왕을 의지하고 왕의 하나님 여호와를 의지하지 아니하였으므로 아람 왕의 군대가 왕의 손에서 벗어났나이다”(7절). 하나님의 징계를 전하는 하나니에게 아사가 분을 냅니다. 그리고 그를 옥에 가둡니다. 또한 백성 중에 몇 사람을 학대하기도 합니다. 이 땅에 완전한 왕은 없습니다. 철저한 종교 개혁을 시도했던 아사왕도 끝까지 순전함을 유지하지 못했습니다. 그래서 우리는 더욱 완전하신 왕을 사모하게 됩니다. 순전하신 왕을 간절히 구하게 됩니다. 그분은 예수 그리스도이십니다.

요한계시록 5장에는 어린양을 향한 찬양이 나옵니다. 어린양이 보좌에 앉으신 이의 오른손에서 두루마리를 취합니다. 그러자 네 생물과 이십사 장로들이 그 어린양 앞에 엎드립니다. 그분을 향한 찬양입니다. “죽임을 당하신 어린양은 능력과 부와 지혜와 힘과 존귀와 영광과 찬송을 받으시기에 합당하도다”(12절). 어린양은 예수 그리스도이십니다. 그분은 하나님의 권세를 가지고 계신 왕입니다. 능력과 지혜와 힘과 존귀와 영광과 찬송을 받기에 합당하신 왕입니다. 그분은 우리를 위하여 죽임을 당하심으로 우리의 왕이 되신 분입니다. 우리의 왕이 되신 그분께 모든 찬양과 존귀를 돌려 드립시다.

스가랴 1장은 회개를 요청합니다. 스가랴 선지자는 과거 하나님의 진노가 임했을 때를 언급하며 이스라엘에게 돌아올 것을 호소합니다. 조상들의 사례를 일종의 경고판으로 쓰고 있습니다. "너희 조상들을 본받지 말라"(4절). 우리도 그렇습니다. 경고를 들어야 합니다. 그리고 돌이켜야 합니다. 하나님께서 보내시는 경고 신호를 무시하고 계속해서 악한 길로 걸어가는 자는 큰 화를 입게 될 것입니다. 본문의 후반부에는 스가랴 선지자가 본 환상이 시작됩니다. 화석류 나무 사이에 선 자는 여호와께서 땅에 두루 다니라고 보내신 자들입니다(10절). 그들이 천사에게 세상이 평안하다고 전합니다. 천사는 하나님께 호소합니다. "언제까지 예루살렘과 유다 성읍들을 불쌍히 여기지 아니하시려 하나이까"(12절). 세상이 요동치고 큰 소란이 있어야 이스라엘의 해방이 가까워지는 것인데, 여전히 세상이 평안하다는 것은 아직도 이스라엘의 포로 생활이 지속된다는 의미이기 때문입니다. 하나님께서 곧 구원과 회복의 날이 올 것이라고 약속하십니다. 네 개의 뿔과 네 명의 대장장이 환상도 마찬가지입니다. 네 개의 뿔은 이스라엘과 예루살렘을 흩뜨린 나라들이고, 네 명의 대장장이는 그 나라들을 부수는 역할을 의미합니다. 심판과 구원을 이렇게 보여 주신 것입니다.

요한복음 4장은 예수님과 사마리아 여인의 대화입니다. 유대인들이 꺼리는 사마리아에 예수님께서 들어가시는데, 그곳에서 한 여인을 만나십니다. 그녀는 남편이 없었습니다. 예수님은 그녀에게 참된 예배가 무엇인지를 가르쳐 주십니다. "하나님은 영이시니 예배하는 자가 영과 진리로 예배할지니라"(24절). 하나님은 특정한 장소에서 드려지는 예배만 받으시지 않습니다. 성령과 말씀에 의지하여 드리는 예배를 받으십니다. 사마리아 여인은 예수님과 대화를 나누면서 진리를 깨닫습니다. 그리고 예수님께서 그리스도시라고 믿게 됩니다. 실패한 인생이었던 그녀가 예수님을 만나서 예배하는 인생으로 변화되기 시작한 것입니다. 예수님을 만나는 자들은 누구든지 변화됩니다.

12월 December 15

역대하17장 • 요한계시록6장 • 스가랴2장 • 요한복음5장

역대하 17장은 여호사밧에게 복을 주시는 하나님 이야기입니다. 여호사밧은 아사의 뒤를 이어 왕이 됩니다. 본문은 아사왕의 이야기 구조와 비슷합니다. 여호사밧이 하나님을 신실하게 따랐고, 하나님은 그런 여호사밧과 함께하셔서 그를 부강하게 하셨습니다. 반복되는 이야기 구조가 던지는 교훈은 강렬합니다. 하나님은 당신을 의지하는 자에게 복을 주시고, 우상을 따르는 자에게 벌을 주신다는 것입니다. 반복되는 교훈에 귀를 기울입시다. 그리고 이 교훈이 스며들도록 마음을 부드럽게 합시다. 하나님의 말씀을 받아들이는 자에게 복이 있습니다.

요한계시록 6장은 일곱 인의 심판을 말합니다. 어린양이 각 인을 떼실 때마다 큰 재앙이 일어납니다. 전쟁과 흉년과 기근 등입니다. 다섯째 인이 떨어졌을 때는 이 세상에서 핍박을 당한 성도들이 나옵니다. 그들은 하나님께서 속히 원수를 갚아 주시기를 호소합니다. 재난이 몰려오는 세상을 보면서 우리는 깊이 묵상해야 합니다. 심판이 다가오고 있다는 신호이기 때문입니다. 문명이 발전하고 세상이 진보하면서 사람들은 모든 것을 통제할 수 있는 것처럼 착각하지만 사실은 그렇지 않습니다. 우리는 지진을 대비할 수 없고 태풍을 이길 수 없습니다. 온갖 재해를 만날 때 우리는 마음을 겸손히 하여 그날을 준비해야 합니다. 숨는다고 해결되지 않습니다. 하나님의 진노에서 피할 수 있는 자는 없습니다. "그들의 진노의 큰 날이 이르렀으니 누가 능히 서리요"(17절). 그날이 오기 전에 속히 회개하고 그리스도를 믿는 믿음으로 삽시다. 그리스도만이 우리의 피할 바위가 되십니다.

스가랴 2장에는 측량줄을 잡은 천사가 나옵니다. 한 천사가 측량줄로 예루살렘을 측량합니다. 그리고 다른 천사는 예루살렘에 사람과 가축이 많아서 성곽이 없는 성읍이 될 것이라고 말합니다. 예루살렘이 크게 번성해서 측량줄로 잴 수도 없을 만큼 된다는 뜻입니다. 그리고 하나님께서 그들과 함께 머무실 것이라고 말씀하십니다. 예루살렘의 회복이 임박했다는 의미입니다. 바벨론성에 거주하는 시온에게 이제 피하라는 말씀이 바로 그것입니다. 예루살렘을 회복하실 날이 다가왔습니다. 징계 뒤에 회복이 있습니다. 고통 뒤에 소망이 있습니다. 심판 뒤에 구원이 있습니다. 우리 하나님은 당신의 백성을 향해 항상 좋은 생각을 갖고 계십니다.

요한복음 5장은 예수님의 능력과 권한에 관한 말씀입니다. 예수님께서 38년 된 병자를 고쳐 주십니다. 그런데 그날이 안식일이었습니다. 유대인들이 병 나은 자에게 안식일에 자리를 들고 일어났다고 비난합니다. 이때 예수님께서 하나님을 아버지라 부르시며 아버지가 일하시니 당신도 일한다고 말씀하십니다. 이 때문에 유대인들이 예수님을 죽이고자 합니다. 신성 모독으로 받아들인 것입니다. 그러나 예수님은 하나님의 아들이십니다. 하나님께 심판의 권한을 받으신 분입니다. 어린양이 일곱 인을 뗀 것처럼 예수님께서 심판의 권한을 가지고 심판하실 것입니다(27절). 예수님은 참으로 하나님의 뜻대로 행하십니다. 그 누구도 하나님의 뜻에 완전히 순종할 수 없었지만 예수님은 그렇게 하실 수 있습니다. 영생을 얻고자 한다면 예수님께로 나아가야 합니다. 예수님은 우리의 구원자가 되시기 때문입니다. 하나님께서 그분을 보내셨습니다.

12월 December 16

역대하18장 · 요한계시록7장 · 스가랴3장 · 요한복음6장

역대하 18장에는 아합의 죽음이 나옵니다. 여호사밧이 아합 가문과 혼인함으로 인척 관계를 맺습니다(1절). 어느 날 아합이 길르앗 라못을 치자고 권합니다. 여호사밧은 하나님께 묻기를 원하는데, 이스라엘의 선지자들은 모두 이 전쟁의 승리를 예언합니다. 못 미더웠던 여호사밧은 다른 선지자를 요청하고, 아합이 미가야를 말합니다. 그런데 이 미가야는 항상 나쁜 말만 예언하는 선지자라고 말합니다. 이번에도 마찬가지였습니다. 미가야는 말합니다. "여호와께서 거짓말하는 영을 왕의 이 모든 선지자들의 입에 넣으셨고 또 여호와께서 왕에게 대하여 재앙을 말씀하셨나이다"(22절). 미가야는 감옥에 갇히고 아합은 결국 이 싸움에서 죽습니다. 회개를 요청하는 말씀을 기분 나쁘게 들어서는 안 됩니다. 사실 회개 요청은 우리의 생명을 살리기 위한 하나님의 방법입니다. 회개는 하나님을 향한 올바른 반응이기도 합니다. 회개를 요청하는 말씀을 듣고 기분 나쁘게 여기기보다 정말 그러한가를 살피는 것이 옳습니다.

요한계시록 7장에는 인침을 받은 열두 지파가 나옵니다. 이 열두 지파는 심판을 당하는 중에 해를 받지 않는 자들입니다. 열두 지파는 하나님의 백성을 뜻합니다. 십사만 사천은 충만한 하나님의 백성을 상징하는 숫자입니다. 하나님의 백성에게는 특징이 있습니다. 예수 그리스도를 찬양합니다. "구원하심이 보좌에 앉으신 우리 하나님과 어린양에게 있도다"(10절). 하나님의 백성이 이 땅에서 살 때 찾아오는 고난이 있습니다. 이 땅에서 겪는 고단함도 있습니다. 그러나 이 모든 것은 그날에 보상을 받게 될 것입니다. 목자 되신 어린양이 우리를 생명수 샘으로 인도하실 것이기 때문입니다.

스가랴 3장은 대제사장 여호수아에 관한 환상입니다. 여호와의 천사 앞에 대제사장 여호수아가 섰고 그 오른쪽에는 사탄이 섰습니다. 그리고 하나님께서 사탄을 책망하십니다. 여호수아는 더러운 옷을 입고 있습니다. 사탄이 정죄하고 여호수아는 이스라엘이 죄를 지은 모습을 상징하고 있는 것입니다. 하나님은 천사들에게 명령하여 그 더러운 곳, 곧 죄악을 벗겨 버리고 아름다운 옷을 입히라고 말씀하십니다. 그리고 여호수아에게 복을 주십니다. 그리고 예수 그리스도를 예언하십니다. "내가 내 종 싹을 나게 하리라"(8절). 우리는 사탄의 정죄에서 살아남을 수 없는 죄인입니다. 우리의 죄가 너무나 크고 깊어서 우리의 힘으로는 벗어 버릴 수가 없습니다. 그래서 하나님의 도우심이 필요합니다. 하나님만이 이 더러운 옷을 벗기고 아름다운 옷을 입혀 주실 수 있습니다. 하나님은 그 일을 아들 예수님을 통하여 하십니다.

요한복음 6장에는 생명의 떡이 되시는 예수님께서 등장하십니다. 예수님은 오병이어 기적을 통해 굶주린 자들을 먹이십니다. 떡을 먹은 자들이 예수님을 왕으로 삼고자 합니다. 예수님은 그들에게 그 떡이 당신을 가리키고, 당신은 하늘에서 내려온 생명의 떡이라고 말씀하십니다. 당시 유대인들은 이해할 수 없었지만, 사실 이 말씀은 예수님께서 참된 구원자이심을 의미합니다. 죄의 더러운 옷을 입은 우리는 사탄의 참소를 받고 영원한 형벌을 받을 수밖에 없었습니다. 그러나 예수님은 생명의 떡과 음료가 되시기 위해 십자가에서 살을 찢기고 피를 흘리셨습니다. 그로 말미암아 이제 우리는 의의 옷을 입게 되었습니다. 그러니 이 예수님께서 얼마나 귀하십니까? 이 예수님께 찬양과 존귀와 영광을 돌리지 않고 견딜 수 있겠습니까? 예수님을 사랑합시다. 예수님을 더욱 알아 갑시다. 우리 영혼에 생명의 떡이 가득 차게 될 것입니다.

12월 December 17

역대하19–20장 • 요한계시록8장 • 스가랴4장 • 요한복음7장

역대하 19장과 **역대하 20장**에는 여호사밧의 행적이 나옵니다. 여호사밧이 치명적인 죄를 짓습니다. 아합 가문과 인척 관계를 맺은 것입니다. 선견자 예후가 말합니다. "왕이 악한 자를 돕고 여호와를 미워하는 자들을 사랑하는 것이 옳으니이까"(19:2). 그러나 여호사밧이 모두 잘못한 것은 아닙니다. 그는 백성들이 하나님께로 돌아오게 했고 하나님을 경외하게 했습니다. 아람 군과의 싸움에서도 하나님께 도움을 간구했습니다. 그로 말미암아 큰 승리를 얻기도 했습니다. 그러나 여호사밧은 또 치명적인 죄를 짓습니다. 이스라엘의 악한 왕 아하시야와 교제한 것입니다. "유다 왕 여호사밧이 나중에 이스라엘 왕 아하시야와 교제하였는데 아하시야는 심히 악을 행하는 자였더라"(35절). 사람을 분별하여 올바로 관계를 맺는 것도 중요한 신앙 활동입니다. 하나님을 미워하는 자를 사랑하는 것은 큰 죄를 짓는 것입니다. 하나님을 정말로 사랑한다면 지금 우리가 맺고 있는 관계도 신실해야 합니다. 모든 것을 옳게 다 하고도 관계 때문에 망할 수도 있습니다. 여호사밧의 후손들이 그렇게 된 것처럼 말입니다.

요한계시록 8장에서는 일곱째 인이 끝나고 일곱 나팔이 시작됩니다. 일곱 인의 심판과 비슷합니다. 나팔이 불릴 때마다 온갖 재난이 등장합니다. 산에서는 불이 나고 바다에서는 생물들이 죽고 하늘에서는 별이 떨어집니다. 하나님께서 만드신 자연 세계가 파괴된다는 뜻입니다. 자연재해를 보면서 우리는 교훈을 얻어야 합니다. 종말을 생각하며 오늘을 준비해야 합니다. 정신을 차리고 깨어 근신해야 합니다. 오늘을 헛되이 보내지 말아야 합니다. 그날이 멀지 않았습니다.

스가랴 4장에는 순금 등잔대와 두 감람나무 환상이 나옵니다. 등잔대는 어둠을 이기는 빛을 의미합니다. 두 감람나무는 등잔대에 제공되는 기름을 뜻합니다. 즉, 이 환상은 영원히 꺼지지 않는 빛을 말합니다. 이것은 일차적으로 성전 재건과 관련된 환상입니다. 스룹바벨에 의해 새로운 성전이 지어질 것인데, 그곳에 하나님께서 머무시겠다는 뜻입니다. "스룹바벨의 손이 이 성전의 기초를 놓았은즉 그의 손이 또한 그 일을 마치리라"(9절). 궁극적으로는 참 성전이 되시는 그리스도를 상징합니다. 예수님은 어둠이 가득한 이 땅에 영원한 빛으로 오셨습니다. 그리스도 안에서 우리는 빛의 자녀가 되었습니다. 그러므로 우리는 빛에 속한 자로 살아가야 합니다.

요한복음 7장은 예수님의 교훈입니다. 예수님의 교훈에 사람들이 놀랍니다. 예수님은 이 교훈이 당신의 것이 아니고 하나님의 것이라고 말씀하십니다. 자기의 것을 갖고 가르치는 자는 자기 영광을 구하는 자입니다. 그러나 하나님의 것을 갖고 가르치는 자는 하나님의 영광을 구하는 자입니다. 예수님은 계속하여 당신이 하나님께서 보내셔서 오셨다는 사실을 강조하십니다. 유대인들은 예수님을 잡아 죽이고자 했으나 아직 때가 오지 않았기에 잡지를 못합니다. 예수님은 때가 되면 당신이 아버지께로 돌아갈 것이라고 하십니다.

역대하21장 • 요한계시록9장 • 스가랴5장 • 요한복음8장

역대하 21장은 여호사밧이 저지른 죄가 어떻게 영향을 끼치고 있는지를 보여 줍니다. 여호람이 여호사밧의 뒤를 잇습니다. 그는 아합의 딸과 결혼했습니다. 그는 아버지와 같이 하나님 앞에서 살지 않았고 오히려 아합의 집과 같이 행하였습니다. 여호람 때에 에돔이 배신하였고, 블레셋 사람들과 아라비아 사람들이 침략하였습니다. 아합 가문의 영향을 받음으로 한 나라가 쑥대밭이 된 것입니다. 죽은 파리가 향수를 더럽힙니다. 누룩 하나가 빵을 부풀립니다. 작은 죄가 공동체 전체를 파괴합니다. 올바르지 못한 관계 하나가 한 나라를 어떻게 무너뜨리고 있는지를 보십시오. 우리는 때로 관계에서 단호해야 할 때가 있습니다. 정신을 차리고 분별합시다.

요한계시록 9장은 다섯째 나팔과 여섯째 나팔의 심판입니다. 다섯째 나팔이 불렸을 때 하늘에서 별이 떨어집니다. 그는 무저갱의 열쇠를 받고 그 무저갱을 열어서 황충이 올라오게 합니다. 그는 사탄을 뜻합니다. 사탄이 일시적으로 하나님께 심판의 권한을 받고 사람들을 괴롭히는 모습을 묘사하고 있는 것입니다. 여섯째 나팔이 불렸을 때는 네 천사가 풀려나서 사람들을 죽입니다. 그런데 놀랍게도 이와 같은 재앙에 죽지 않고 남은 자들이 회개하지 않습니다. 계속하여 미신을 추종하고 우상을 숭배하며 악행을 저지릅니다(20-21절). 본문을 통해 우리는 죄인들의 완고한 마음을 발견할 수 있습니다. 죄에 취하면 죄에 마비가 됩니다. 죄에 중독이 되면 죄가 죄인 줄 모릅니다. 성도는 이 모습을 읽으며 오히려 두려워해야 합니다. 우리는 죄에 마비되지 않도록, 그리고 죄에 중독되지 않도록 두려워하며 항상 깨어 준비합시다.

스가랴 5장에는 날아가는 두루마리와 에바 속 여인의 환상이 나옵니다. 거대한 규모의 두루마리가 날아다닙니다. 그것은 온 땅에 내리는 저주입니다. 본문은 이것을 십계명과 연결해서 율법을 어긴 죄에 대한 형벌로 묘사합니다. 에바는 계량하는 큰 그릇을 뜻합니다. 이 그릇 속에 여인이 들어가 있습니다. 이 여인은 악입니다(8절). 이 에바를 두 여인이 들고 시날 땅으로 옮겨 버립니다. 이스라엘에서 악을 제거하시는 것을 뜻합니다. 즉 본문은 죄에 대한 심판과 그 죄를 제거하시는 구원을 말합니다. 죄 문제는 반드시 해결되어야 합니다. 죄는 진노를 만나 심판을 받기 때문입니다. 죄가 제거되지 않고는 아무것도 해결될 수가 없습니다. 하나님은 이 죄를 해결하기 위해 해답을 마련하셨습니다. 구원자 예수 그리스도입니다.

요한복음 8장은 죄를 용서하시는 예수님에 관한 말씀입니다. 서기관들과 바리새인들이 예수님을 함정에 빠뜨리고자 음행 중에 잡힌 여자를 끌고 옵니다. 그리고 이 여자를 어찌해야 할지 묻습니다. 예수님은 말씀하십니다. "너희 중에 죄 없는 자가 먼저 돌로 치라"(7절). 양심에 가책을 느낀 자들이 자리를 떠납니다. 예수님은 사실 모든 사람들이 율법의 정죄를 받고 있음을 깨닫게 하신 것입니다. 예수님은 음행한 여자를 용서하시고 다시는 죄를 짓지 말라고 명하십니다. 율법의 정죄에서 우리를 용서해 주실 수 있는 분은 예수님밖에 없습니다. 예수님께서 친히 율법의 정죄를 다 받으셨기 때문입니다. 예수님은 율법에 온전히 순종하셨고, 율법에 따른 정죄도 모두 감당하셨습니다. 그러므로 예수님 안에 있는 자는 율법으로부터 자유함을 얻습니다. "너희가 내 말에 거하면 참으로 내 제자가 되고 진리를 알지니 진리가 너희를 자유롭게 하리라"(31–32절).

역대하 22장과 **역대하 23장**은 여전히 아합 가문의 영향을 받고 있는 다윗 왕조의 모습을 보여 줍니다. 여호람이 죽고 그의 막내아들 아하시야가 왕위를 계승받습니다. 그의 어머니는 아합의 딸이었습니다. 본문은 그분의 어머니가 꾀어 아하시야도 아합의 집 길로 행하였다고 말합니다(3절). 여호사밧의 잘못된 관계 맺음이 이처럼 깊은 상처를 낸 것입니다. 아하시야는 아합의 아들 요람과 좋은 관계를 맺었습니다. 어느 날 요람에게 갔다가, 예후가 아합의 집을 심판할 때에 함께 죽임을 당합니다. 그가 죽고 아하시야의 어머니 아달랴가 유다 집의 모든 아들을 진멸하려고 합니다. 그러나 요아스가 살아남습니다. 여호사밧이 무엇 때문에 그랬는지 모르겠지만 본문은 많은 분량을 할애하여 아합 가문과의 악연을 소개합니다. 역대기의 독자들로 하여금 죄와 손잡지 말 것을 보여 주기 위한 것으로 보입니다. 아달랴가 정권을 잡은 지 육 년이 지났습니다. 여호야다가 사람들을 규합하여 요아스를 왕으로 삼습니다. 아달랴가 최후의 발악을 하지만 결국 죽임을 당합니다. 아직 어린 요아스 왕을 대신하여 여호야다가 종교 개혁을 시도합니다. 바알의 신당을 때려 부수고 바알의 제사장을 죽입니다. 그리고 다윗이 한 것처럼 모세 율법을 따라 성전을 정비합니다. 오랜 시간에 걸쳐서 드디어 아합 가문과의 관계를 완전히 끊어 낸 것입니다.

요한계시록 10장에는 두루마리의 말씀을 예언하라는 이야기가 나옵니다. 힘센 천사가 바다와 땅을 밟고 작은 두루마리를 들고 있습니다. 바다와 땅을 밟고 있다는 것은 온 세상을 향한 통치권을 뜻합니다. 하늘에서 그 두루마리를 가지라는 음성이 들립니다. 요한은 그 두루마리를 받아서 먹는데, 입에서는 단맛이었지만 배에서는 쓴맛이었습니다. 그 천사가 말합니다. "네가 많은 백성과 나라와 방언과 임금에게 다시 예언하여야 하리라"(11절). 두루마리는 심판과 구원의 말씀을 의미합니다. 입에서는 달지만 배에서는 쓰다는 말이 바로 그 뜻입니다. 그리스도의 복음이 누군가에는 기쁜 소식이 되지만 누군가에는 슬픈 소식이 될 수밖에 없습니다. 그럼에도 불구하고, 우리는 이 복음을 전해야 합니다. 이 복음이 우리에게 맡겨졌기 때문입니다.

스가랴 6장에는 네 병거의 환상이 나옵니다. 네 병거는 온 땅을 살펴보는 하나님의 정찰대 같은 것입니다. 본문은 이 세상의 정세와 이스라엘의 관계를 계속해서 보고하고 있습니다. 하나님은 이 세상의 정세를 조정해서 이스라엘의 운명을 바꾸어 가시기 때문입니다. 하나님은 모든 것을 보고 계시고 모든 것을 다스리고 계십니다. 이어서 하나님은 싹이라 이름하는 사람이 성전을 건축할 것이라고 말씀하십니다. 이 싹은 예수 그리스도입니다. 그리스도께서 무너진 성전을 새롭게 회복하실 것입니다.

요한복음 9장은 예수 그리스도의 회복 사역을 말합니다. 날 때부터 맹인 된 자를 예수님께서 고쳐 주십니다. 그날은 안식일이었습니다. 바리새인들이 날 때부터 맹인 되었던 자를 조사합니다. 그는 이렇게 대답합니다. "그가 죄인인지 내가 알지 못하나 한 가지 아는 것은 내가 맹인으로 있다가 지금 보는 그것이니이다"(25절). 바리새인들은 그를 쫓아냅니다. 예수님은 맹인 되었던 그를 다시 만나서 당신이 그리스도이심을 알리십니다. 예수님께서 그리스도이십니다. 예수님께서 구원자이십니다. 예수님께서 무너진 성전을 회복하고 그 안에 생명과 풍요를 집어넣어 주실 수 있는 유일한 분이십니다. 예수 그리스도는 우리의 복음이십니다.

역대하 24장에는 요아스의 행적이 나옵니다. 요아스는 성전을 보수하고자 합니다. 아달랴와 그의 아들들이 성전을 파괴했기 때문입니다. 그런데 그 일이 빨리 진행되지 않았습니다. 왕은 백성들에게 성전을 수리할 돈을 거두었습니다. 성전을 수리한 후에 남은 돈은 성전에 사용할 그릇을 만들었습니다. 이토록 신실했던 요아스가 여호야다의 죽음 후에 죄를 짓습니다. 아세라 목상과 우상을 섬긴 것입니다. 그로 말미암아 하나님의 진노가 나라에 임합니다. 심지어 그를 회개시키기 위하여 보낸 선지자를 죽여 버립니다. 요아스는 아람과의 전쟁에서 패한 후 신하들에게 죽임을 당합니다. 본문은 신실한 조언자가 얼마나 중요한지를 보여 줍니다. 믿음 안에서 돌보던 여호야다가 죽고 그를 우상으로 이끈 사람들 탓에 요아스는 타락하고 말았습니다. 신실한 조언자를 곁에 두고 있는 것은 큰 복입니다. 반면에 악하고 어리석은 조언자를 곁에 두고 있는 것은 저주입니다. 듣기 싫은 말을 하더라도 옳은 말을 하는 자를 곁에 두십시오. 그것이 복입니다.

요한계시록 11장은 두 증인의 환상입니다. 두 증인은 성도를 뜻합니다. 그런데 이 두 증인을 짐승이 죽입니다. 짐승은 이 세상을 의미합니다. 그들의 시체가 있는 곳은 소돔이요 애굽입니다. 그곳은 곧 그들의 주께서 십자가에 못 박히신 곳입니다. 성도로 산다는 것은 우리의 주님이신 예수님께서 그러하셨던 것처럼 십자가의 삶을 사는 것입니다. 자기를 부인하고 자기 십자가를 질 때 찾아오는 손해를 각오하며 사는 것입니다. 두 증인이 죽었을 때 땅에 사는 자들이 즐거워합니다. 성도의 모습을 보고 조롱하는 세상을 뜻합니다. 그러나 그들은 다시 살아납니다. 오히려 땅에 사는 자들이 큰 지진으로 죽습니다. 본문은 성도가 이 땅에서 어떻게 사는지를 보여주고 있습니다. 그리스도의 증인으로 그리스도와 같은 삶을 살아가시기 바랍니다.

스가랴 7장은 참된 신앙의 본질이 무엇인지 가르칩니다. 벧엘에서 사람들이 찾아와 묻습니다. 계속해서 금식을 해야 하는지에 관한 질문입니다. 하나님은 스가랴 선지자를 통하여 이 금식이 참된 금식이 아니라고 말씀하십니다. 하나님께서 정말로 원하시는 것은 위선적인 금식이 아니라 진실한 행위입니다. 정의로운 재판을 열고 서로 인애와 긍휼을 베풀며 사회적인 약자들을 돌보는 것입니다. 또한 하나님의 말씀을 마음을 열어 듣는 것입니다. 듣지 않기 때문에 그들이 멸망을 당한 것인데, 그들은 아직도 그것을 잘 모르고 있는 듯합니다.

요한복음 10장에는 목자와 양의 비유가 나옵니다. 예수님은 선한 목자가 되십니다. 양을 위해 목숨을 버리십니다. 또한 예수님은 양 우리의 문이 되십니다. 예수님을 통하여 들어가지 않으면 구원을 얻을 수 없습니다. 예수님의 양은 예수님의 음성을 듣습니다. 그래서 예수님께서 이름을 부르실 때 그분의 인도를 따릅니다. 유대인들은 이 말씀을 듣지 않습니다. 예수님께서 방금 말씀하신 것처럼 그들은 예수님의 양이 아니기 때문입니다. 듣지 않고는 하나님의 뜻을 알 수 없는데, 그들도 여전히 그것을 잘 모르는 듯합니다. 듣는 자가 회개할 수 있고 듣는 자가 믿을 수 있습니다.

12월 December 21

역대하25장 • 요한계시록12장 • 스가랴8장 • 요한복음11장

역대하 25장은 아마샤의 행적입니다. 아마샤에 대한 평가입니다. “여호와께서 보시기에 정직하게 행하기는 하였으나 온전한 마음으로 행하지 아니하였더라”(2절). 뭔가 애매한 평가입니다. 그는 모세의 율법책을 따라 부왕을 죽인 신하들만 죽이고 자녀들은 죽이지 않았습니다. 에돔 족속과의 전쟁에서 하나님은 아마샤에게 승리를 주셨습니다. 그런데 아마샤가 세일 자손들의 신들을 가져와서 자기의 신으로 세우고 그 앞에 경배합니다(14절). 하나님의 진노가 그에게 임합니다. 에돔과의 전쟁에서 승리한 후 한껏 교만해진 아마샤는 이스라엘에게 싸움을 겁니다. 이 전쟁에서 그는 포로가 됩니다. 하나님을 겸손히 의지하였으면 평안함과 형통함을 누렸을 텐데, 하나님께서 주신 승리로 교만에 빠져 비참한 결말을 맞이하고 만 것입니다. 겸손히 의지하는 것이 신앙입니다. 또한 그것이 우리 인생을 진정으로 행복하게 만드는 길입니다.

요한계시록 12장은 하늘에서 벌어진 전쟁에 관한 환상입니다. 아이를 밴 여자가 있습니다. 그리고 붉은 용도 있습니다. 이 용이 여자의 아이를 삼키려고 기다립니다. 여자의 아이는 만국을 다스릴 남자입니다. 곧 예수 그리스도를 뜻합니다. 여자가 광야로 도망하여 양육합니다. 하늘에서 벌어진 전쟁 때문에 큰 용이 패하여 땅으로 내쫓깁니다. 용이 남자를 낳은 여자를 박해합니다. 여자를 물에 떠내려가게 하려고 했으나 실패합니다. 용이 분노하여 여자의 남은 자손 곧 하나님의 계명을 지키며 예수님의 증거를 가진 자들과 더불어 싸우려고 바다 모래 위에 섭니다. 용은 사탄을 말합니다. 여자의 남은 자손은 성도를 뜻합니다. 사탄은 예나 지금이나 성

도를 핍박합니다. 이 땅을 살아가는 성도에게는 큰 용과의 싸움이 남아 있습니다. 이 영적 전쟁에서 승리하기 위해 우리는 무장해야 합니다. 그러나 두려워하지 않아도 됩니다. 우리 대장 되신 예수님께서 이미 그를 꺾어 놓으셨기 때문입니다. 우리는 남은 싸움만 하면 됩니다.

스가랴 8장은 예루살렘의 회복을 말합니다. 예루살렘은 진리의 성읍입니다. 하나님은 예루살렘을 새롭게 하실 계획입니다. 은혜를 베푸시기로 결정하셨으니 염려하지 말고 이렇게 하라고 말씀하십니다. "너희는 이웃과 더불어 진리를 말하며 너희 성문에서 진실하고 화평한 재판을 베풀고 마음에 서로 해하기를 도모하지 말며 거짓 맹세를 좋아하지 말라"(16-17절). 하나님께서 미워하시는 일을 하지 말라는 것입니다. 그러면 많은 사람들이 여호와께 와서 은혜를 구하는 날이 올 것이라고 말씀하십니다. 본문은 하나님께서 은혜 베푸시기를 좋아하시고 자비를 행하시기를 좋아하심을 보여 줍니다. 그러므로 하나님을 믿는 자들도 은혜 베풀기를 좋아하고 자비 베풀기를 좋아해야 합니다. 이웃에게 사랑을 베풉시다.

요한복음 11장에는 생명이신 예수님이 나옵니다. 죽은 나사로를 예수님께서 살리십니다. 반면에 대제사장들과 바리새인들은 예수님을 죽이려고 공모합니다. 한편에서는 생명을 살리는데, 한편에서는 생명을 죽일 계획을 짜고 있습니다. 하나님을 오해해서는 안 됩니다. 하나님은 죽이는 일을 좋아하시지 않습니다. 오히려 살리는 일을 좋아하십니다. 그래서 성경은 하나님께서 노하기를 더디 하시고 은혜로우시며 자비로우시다고 말합니다. 특히 예수님은 당신을 부활이요 생명이라고 말씀하십니다(25절). 생명을 살리는 것이 기독교입니다. 우리는 어떤 기독교 신앙을 가지고 있습니까?

역대하 26장은 웃시야의 행적입니다. 웃시야는 스가랴가 사는 날 동안에 하나님을 찾았고 그가 하나님을 찾을 동안에는 하나님께서 형통하게 하셨습니다(5절). 웃시야는 블레셋과의 전쟁에서 이기고 암몬에게는 조공을 받았습니다. 그러나 강성하게 되자 그 마음이 교만해졌습니다. 아론의 자손 제사장들만 할 수 있는 성전 분향을 해 버린 것입니다. 심지어 말리는 제사장 아사랴에게 화를 냈습니다. 하나님은 그에게 나병을 주셔서 평생 나병환자로 살게 하셨습니다. 겸손이 얼마나 중요한지를 배웁니다. 우리가 얻게 되는 것은 모두 하나님에게서 비롯되었습니다. 온갖 좋은 것들은 위에서 옵니다. 하나님께서 도우셔서 돈을 벌고 건강을 얻고 명예와 성공을 얻습니다. 이 사실을 망각하고 자기의 영광을 드러낼 때 사실 우리는 하나님을 모욕하는 것입니다. 겸손해야 합니다. 교만은 패망의 지름길입니다.

요한계시록 13장은 짐승 두 마리에 관한 환상입니다. 이 짐승들은 적그리스도입니다. 거짓 그리스도요 미혹하는 존재입니다. 첫째 짐승은 머리 하나가 죽게 되었다가 상처가 나아서 온 땅이 놀랍게 여겼습니다. 예수님의 부활을 흉내 낸 것입니다. 그럼에도 사람들이 그를 따른다고 합니다. 둘째 짐승은 어린양같이 두 뿔이 있습니다. 마찬가지로 거짓 구원자입니다. 그러나 큰 이적을 행할 수 있기 때문에 사람들을 미혹합니다. 마지막을 향해 갈수록 분별력이 참 중요합니다. 거짓 교사들이 많이 나오기 때문입니다. 그들은 그럴듯합니다. 제법 신령해 보입니다. 능력도 있어 보입니다. 그러나 자세히 보면 다 흉내일 뿐입니다. 미혹 당하지 말아야 합니다. 위협에 넘어가지도 말아야 합니다. 끝까지 견뎌야 합니다.

스가랴 9장은 구원자시요 왕이신 분에 관해 예언합니다. 먼저 하나님은 이방 국가들을 심판하시겠다고 말씀하십니다. 그리고 한 왕을 보내신다고 하는데, 그는 겸손의 왕입니다. 나귀 새끼를 탈 만큼 겸손합니다. 예수님은 예루살렘으로 입성하실 때 나귀 새끼를 타심으로 이 말씀을 성취하셨습니다. 그분은 원수는 짓밟겠지만 당신의 백성은 마치 양 떼같이 구원하십니다.

요한복음 12장에는 나귀를 타고 예루살렘에 들어가시는 예수님이 나옵니다. 사람들은 예수님을 왕으로 맞이합니다. 종려나무 가지를 들고 외칩니다. "호산나 찬송하리로다 주의 이름으로 오시는 이 곧 이스라엘의 왕이시여"(13절). 예수님은 어린 나귀를 타고 들어오시는데, 이것은 예수님의 겸손을 의미합니다. 예수님은 군림하는 왕이 아니십니다. 섬기는 왕이십니다. 심지어 죽기까지 섬기십니다. 한 알의 밀이 땅에 떨어져서 죽지 아니하면 한 알 그대로 있고 죽으면 많은 열매를 맺기 때문입니다(24절). 예수님은 제자들도 바로 이 신앙을 소유하기를 원하십니다. "사람이 나를 섬기려면 나를 따르라"(26절). 당시 유대인들은 이런 예수님을 받아들이지 못했습니다. 그들은 군림하는 왕을 생각했기 때문입니다. 그러나 이제 우리는 알고 있습니다. 예수님은 죽으심으로 우리를 살리신 참된 왕이십니다. 그분의 뒤를 따라 그분과 같이 겸손한 제자가 됩시다.

역대하 27장과 **역대하 28장**은 요담과 아하스의 행적입니다. 요담은 나름대로 선한 왕이었습니다. 특히 그는 하나님 앞에서 바른 길을 걸어서 점점 더 강하여졌습니다. 하지만 아쉽게도 백성은 여전히 부패해 있었습니다(27:2). 반면에 아하스는 악한 왕이었습니다. 바알의 우상을 만들었고 힌놈의 골짜기에서 분향하였으며 온갖 미신들을 추구했습니다. 그 죄로 말미암아 아람과 이스라엘의 침략을 받게 됩니다. 특히 이스라엘에게는 이십만 명이 포로로 잡히게 됩니다. 오뎃 선지자를 통해 돌아오게 되기는 하지만 엄청난 피해를 입습니다. 그러나 아하스는 회개하지 않습니다. 앗수르에게 도움을 청하는데, 앗수르는 도와준다는 핑계로 왔다가 오히려 유다를 공격합니다. 돌이킬 줄 모르는 아하스의 완고함 때문에 유다가 점점 망해 갑니다. 죄와 고집이 만나면 망하는 것밖에는 결론이 없습니다.

요한계시록 14장에는 세 천사가 하는 말이 나옵니다. 천사가 복음을 들고 온 세상에 외칩니다. "하나님을 두려워하며 그에게 영광을 돌리라 이는 그의 심판의 시간이 이르렀음이니"(7절). 또 다른 천사는 큰 성 바벨론이 무너졌다고 외칩니다. 또 다른 천사는 짐승과 그의 우상에게 경배하면 고난을 받을 것이라고 말합니다. 이 환상은 전체적으로 심판의 날이 다가왔음을 보여 줍니다. 심판이 이르면 이 세상에 속한 것들이 함께 멸망을 당할 것입니다. 이 세상의 우상에 엎드린 자들도 같이 멸망을 당할 것입니다. 그러므로 심판이 다가오고 있다는 경고를 들을 때 우리는 하나님을 두려워해야 합니다. 우리 자신에게 돌렸던 영광을 하나님께 돌려야 합니다. 무엇보다 위협과 미혹에서 끝까지 믿음을 지켜야 합니다. 종말의 시대를 살아가는 성도에게 요구되는 것은 인내입니다.

스가랴 10장은 구원을 약속하시는 하나님의 말씀입니다. 하나님께서 원수를 밟으실 것입니다. 이스라엘을 불쌍히 여기셔서 구원해 주실 것입니다. 그들의 하나님이 되어 주실 것입니다. 당신으로 말미암아 그들의 마음을 즐겁게 하실 것입니다. 휘파람을 불어 그들을 불러 모으실 것입니다. 전에 번성했던 것처럼 번성하게 해 주실 것입니다. 흩어진 자들을 자녀와 함께 돌아오게 하실 것입니다. 하나님께서 그들을 견고하게 해 주실 것입니다. 하나님의 약속은 확신을 세웁니다. 기쁨과 즐거움을 상상하게 합니다. 경쾌한 마음을 선사합니다. 하나님께서 행하신다고 하니 그 일이 반드시 이루어질 것입니다. 주님의 약속을 기쁨으로 받읍시다.

요한복음 13장은 죽음을 준비하시는 예수님 이야기입니다. 어느 날 저녁 식사를 마치고 예수님께서 제자들의 발을 씻겨 주십니다. 이것은 죄를 씻겨 주심을 의미합니다. 예수님은 섬김으로 우리의 죄를 씻겨 주십니다. 이것은 일종의 모범입니다. 죽음을 앞두고 제자들에게 새 계명을 주십니다. "새 계명을 너희에게 주노니 서로 사랑하라 내가 너희를 사랑한 것같이 너희도 서로 사랑하라"(34절). 서로 사랑할 때 우리가 예수님의 제자임을 안다고 합니다. 사랑은 말로만 하는 것이 아니라 예수님처럼 무릎을 꿇는 것이고, 예수님처럼 아래로 들어가는 것입니다. 예수님께서 주신 새 계명을 열심히 실천합시다.

12월 December 24

역대하29장 · 요한계시록15장 · 스가랴11장 · 요한복음14장

역대하 29장은 히스기야 이야기입니다. 히스기야는 왕이 된 후에 성전을 수리합니다. 그리고 성전을 정결하게 합니다. 아하스왕 때에 들어온 온갖 가증스러운 것들을 모두 버립니다. 성전을 정결하게 한 후에 하나님께 제사를 드리고 찬양을 하며 경건한 예배를 올립니다. 그리고 예물을 바칩니다. 마치 솔로몬 성전이 처음 지어졌을 때처럼 성전이 거룩해진 것입니다. 하나님을 중심으로 살기를 작정하였다면 가장 먼저 더러운 것들을 제거해야 합니다. 옛것을 버려야 하고 찌든 때를 지워야 합니다. 우상과 죄를 그대로 남겨 놓고 하나님을 섬겨 봐야 소용이 없기 때문입니다.

요한계시록 15장에는 마지막 재앙이 나옵니다. 소위 말하는 일곱 대접의 심판입니다. 이 대접에는 하나님의 진노가 가득 담겨 있습니다. 이 심판이 끝나야만 하나님의 성전에 들어갈 수 있습니다. 심판과 구원의 말씀은 성경 전체의 주제입니다. 사람이 타락한 후에 이 주제는 영원히 따라붙습니다. 누군가는 심판을 받고 누군가는 구원을 얻습니다. 마지막 심판을 위한 작은 심판들이 경고처럼 지금도 일어나고 있습니다. 일곱 인, 일곱 나팔, 일곱 대접의 심판이 바로 그것을 의미합니다. 이 심판들은 순서나 내용이 중요하지 않습니다. 문자적으로 해석할 필요는 없습니다. 다만 심판이 역사 속에서 계속 일어나고 있고, 그 심도와 정도가 심해지면서 점점 마지막 심판을 향해 가고 있음은 알아야 합니다. 그리고 작은 심판들을 보며 경고를 받고 회개를 하며 구원을 위해 그리스도를 붙들어야 합니다. 그리스도를 붙든 자는 인내하여 끝까지 이 길을 완주해야 합니다. 요한계시록이 우리에게 전하는 교훈입니다.

스가랴 11장은 목자와 양에 관한 비유입니다. 하나님은 스가랴 선지자에게 잡혀 죽을 양 떼를 위한 목자가 되라고 말씀하십니다. 포로 생활에서 돌아온 이스라엘 백성들을 가리킵니다. 스가랴가 은총과 연합이라는 막대기를 가지고 양을 칩니다. 그러나 이 양들은 보통 양들이 아니었습니다. 결국 스가랴 선지자는 은총이라는 막대기와 연합이라는 막대기를 차례로 꺾습니다. 그러자 한 목자가 나타났는데, 그는 없어진 자를 마음에 두지 않고 흩어진 자를 찾지 않고 상한 자를 고치지 않고 강건한 자를 먹이지 않는 목자입니다. 스가랴 선지자가 떠난 자리에 악한 목자가 들어온 것입니다. 하나님은 이 비유를 통해 이스라엘의 처지를 설명하고 계십니다. 그들은 완고한 자들이었고, 선한 목자를 거절함으로 악한 목자를 불러들였습니다. 그들 스스로 자초한 일이었습니다.

요한복음 14장에는 길이요 진리요 생명이신 예수님이 나옵니다. 예수님은 제자들에게 진리의 교훈을 전달하십니다. 예수님은 하나님 아버지와 하나이시기 때문에 예수님을 통하지 않고는 아버지께로 갈 수가 없습니다. 예수님은 길이요 진리요 생명이십니다. 그러므로 예수님의 이름으로 무엇이든지 구하면 아버지께서 응답해 주십니다. 예수님의 계명을 지키는 자는 아버지의 사랑을 받습니다. 또한 보혜사 곧 성령은 모든 것을 가르치시고 모든 것을 생각나게 하시는 분으로 예수님께서 떠나야 오신다고 말씀하십니다.

12월 December **25**

역대하30장 • 요한계시록16장 • 스가랴12:1-13:1 • 요한복음15장

역대하 30장은 히스기야가 유월절을 지키는 내용입니다. 성전을 깨끗하게 한 히스기야는 모든 백성들에게 예루살렘에 와서 유월절을 지키라고 명합니다. 보발꾼들이 왕의 편지를 들고 두루 다니며 이 소식을 전합니다. 때가 되었습니다. 수많은 백성이 예루살렘에 모입니다. 제사장들이 유월절 양을 잡고 모세의 율법대로 피를 받아 뿌립니다. 회중 가운데 성결하지 못한 자들이 많이 있었으나 히스기야의 기도를 듣고 하나님께서 용서해 주십니다. 히스기야와 백성들은 2주일 동안 이 절기를 지킵니다. 본문은 예루살렘에 큰 기쁨이 있었다고 전합니다. 유월절은 하나님께서 죄를 용서하시고 죽음에서 생명을 옮겨 주신 구원의 사건을 기념하는 날입니다. 한마디로 하나님의 자비하심을 바라보는 날입니다. 실제로 하나님은 이 날에 자비하심을 보여 주셨습니다. 하나님은 우리의 죄를 용서해 주시기를 우리보다 더 원하십니다. 유월절 어린양이 되신 그리스도를 의지하여 하나님께 죄 용서를 담대히 구하시기를 바랍니다. 죄 사함의 기쁨을 누릴 것입니다.

요한계시록 16장에는 일곱 대접의 심판이 나옵니다. 대접이 땅에 쏟아질 때마다 독한 종기, 바다 생물의 죽음, 강과 물 근원의 오염, 불, 큰 지진 등이 일어납니다. 그런데 여전히 사람들은 하나님을 비방하고 회개하지 않는다고 말합니다(11절). 일곱째 대접이 부어졌을 때도 재앙 때문에 하나님을 비방한다고 말합니다(21절). 죄에 중독된 자들은 심판의 강도가 세져도 여전히 돌이키지 않습니다. 그 마음의 고집이 참으로 견고하기 때문입니다. 두려운 것을 두려워하는 것도 은혜입니다. 그래야 고집이 무너지기

때문입니다. 심판의 두려움으로 말미암아 회개의 기쁨을 아는 자들이 될 수 있기를 바랍니다.

스가랴 12장과 **13장 1절**은 경고의 말씀이요 구원의 말씀입니다. 그날에는 하나님께서 이스라엘을 돌보실 것입니다. 천하만국이 이스라엘을 치려고 모일 것이지만 하나님께서 오히려 그들을 치실 것입니다. 그리고 예루살렘을 보호하실 것입니다. 무엇보다 하나님은 그들에게 은총과 간구하는 심령을 주실 것인데, 특히, 애통하는 심령을 주실 것입니다. 애통하는 자들은 죄와 더러움을 씻는 샘을 만나게 될 것입니다. 하나님께서 완고한 마음을 찔러 주셔야 합니다. 그래서 우리의 고집이 무너질 때 진정한 용서를 누리게 되는 것입니다. 슬퍼할 것을 슬퍼하는 것, 그리고 두려운 것을 두려워하는 것은 심령이 살아났다는 증거입니다. 애통하는 자에게 복이 있습니다. 하나님을 두려워하는 자에게도 복이 있습니다. 하나님께서 이와 같은 은혜 주시기를 기도합시다.

요한복음 15장은 포도나무와 가지의 비유입니다. 예수님은 포도나무요 우리는 가지입니다. 예수님께 붙어서 열매를 맺는 가지가 참된 가지입니다. 그러므로 우리는 그리스도 안에 있어야 합니다. 그리스도께 붙어 있어야 합니다. 그리스도를 떠나서는 우리가 아무것도 할 수 없기 때문입니다(5절). 그리스도 안에 거한다는 것은 그리스도의 계명을 지키는 것과 같습니다. 그리스도께서 우리에게 주신 계명은 '서로 사랑하라'입니다. 세상의 미움을 받게 된다고 해도 이상히 여기지 마십시오. 예수님을 미워하는 그들은 예수님 안에 있는 우리도 미워하기 때문입니다.

12월 December 26

역대하31장 • 요한계시록17장 • 스가랴13:2–9 • 요한복음16장

역대하 31장에서는 히스기야 이야기가 계속됩니다. 성전을 정결하게 한 히스기야는 이제 유다 전체를 정결하게 합니다. 유다 성읍에 있는 우상들과 산당들을 제거합니다. 그리고 십일조를 바치게 하여 제사장들과 레위 사람이 성전 일을 할 수 있도록 정비합니다. 본문은 그가 이같이 행하여 형통하였다고 합니다(21절). 신앙의 개혁이 항상 필요합니다. 우상을 제거해도 다시 우상을 세우는 것이 사람의 마음입니다. 신앙의 길을 꽤 걸었다고 생각해도 어느 날 갑자기 넘어지는 것이 사람의 무력함입니다. 자기도 모르게 죄가 쌓이는 것이 사람의 부패함입니다. 그러므로 우리는 날마다 개혁해야 합니다. 하나님의 말씀에 근거하여 우리 마음에 은밀히 들어와 있는 우상들을 제거해야 합니다. 개혁된 신앙은 계속해서 개혁되어야 합니다.

요한계시록 17장에는 큰 음녀가 받을 심판이 나옵니다. 큰 음녀는 멸망당할 세상을 뜻합니다. 땅의 임금과 땅에 사는 자들이 이 음녀에게 미혹당했다고 합니다. 그 여자의 이름은 큰 바벨론입니다. 그녀는 성도들의 피에 취해 있었고, 일곱 머리와 열 뿔 가진 짐승을 타고 있었습니다. 본문은 그녀가 땅의 왕들을 다스리는 큰 성이라고 합니다(18절). 하나님을 대적하는 이 세상은 큰 위세를 떨치는 듯하지만 이미 그 운명이 결정되어 있습니다. 멸망입니다. 그들은 만주의 주시요 만왕의 왕이신 예수님과도 싸우려고 했지만 패배하고 맙니다. 망해 가고 있으면서도 바득바득 성도를 핍박합니다. 우리는 이 그림을 잘 이해하고 있어야 합니다. 아무리 큰 위세를 떨친다 해도 이 세상에 속한 것들은 이미 패한 것들입니다. 두려워하지 말고

그리스도를 의지하여 담대히 맞서야 합니다.

스가랴 13장에는 심판을 당하는 목자가 나옵니다. 하나님은 이 땅에서 우상을 제거하시고 거짓 선지자를 떠나게 하실 것입니다. 거짓을 말하는 선지자들이 부끄러워하게 만드실 것입니다. 그리고 그때 내 목자, 내 짝 된 자를 칼로 치신다고 합니다. 마치 죄인처럼 심판을 당하는 것입니다. 그러면 양이 흩어진다고 합니다. 심판당하는 목자는 예수 그리스도입니다. 흩어지는 양은 제자들입니다. 목자를 치심으로 양들이 연단을 받습니다. 그러나 이 연단을 통해 하나님의 백성이 됩니다. 본문은 거짓 목자를 꺾고 참된 목자를 세워서 양들을 연단하시는 하나님의 구원이 나옵니다. 하나님은 심판과 구원의 구조 속에서 당신의 백성들을 연단하여 건져 내십니다.

요한복음 16장은 세상을 이기셨다고 말씀하시는 예수님 이야기입니다. 예수님은 세상이 우리를 핍박할 것이라고 말씀하십니다. 미리 알고 실족하지 말라는 말씀도 하십니다. 예수님께서 떠나시면 성령께서 오실 것인데, 그분께서 우리를 도우실 것이라는 말씀도 하십니다. 그분은 진리의 성령이 되셔서 우리를 진리 가운데로 인도하실 것입니다. 예수님은 세상에서 우리가 환난을 당하지만 담대할 것을 요구하십니다. 예수님께서 세상을 이기셨기 때문입니다.

12월 December 27

역대하32장 • 요한계시록18장 • 스가랴14장 • 요한복음17장

역대하 32장에서도 히스기야 이야기가 계속됩니다. 앗수르 군대가 쳐들어옵니다. 앗수르 왕 산헤립은 히스기야와 하나님을 동시에 조롱합니다. "누가 능히 그의 백성을 내 손에서 건져 내었기에 너희 하나님이 능히 너희를 내 손에서 건지겠느냐 그런즉 이와 같이 너희는 히스기야에게 속지 말라"(14-15절). 히스기야가 선지자 이사야와 더불어 하나님께 기도합니다. 그때 한 천사가 와서 앗수르 군을 멸합니다. 하나님 앞에서 겸손했던 히스기야가 갑자기 교만해집니다. 죽을병에서 고쳐 주신 하나님께 감사하지 않은 것입니다. "히스기야가 마음이 교만하여 그 받은 은혜를 보답하지 아니하므로"(25절). 본문은 히스기야가 전체적으로 신실한 왕이었지만 종종 교만했음을 전합니다. 겸손과 교만은 단순히 성품의 문제가 아니라 하나님을 대하는 태도의 문제입니다. 즉 신학적인 문제입니다. 하나님을 마음속 깊이 신뢰하는 사람은 겸손합니다. 반면에 하나님을 은근히 무시하는 사람은 교만합니다. 우리는 하나님을 어떻게 대하고 있습니까? 우리는 겸손합니까? 아니면 교만합니까?

요한계시록 18장은 큰 성 바벨론의 멸망을 말합니다. 천사 한 명이 바벨론의 멸망을 외칩니다. 그곳은 귀신의 처소와 각종 더러운 영이 모이는 곳과 각종 더럽고 가증한 새들이 모이는 곳이 되었습니다(2절). 음행과 사치와 탐욕이 가득한 곳이었습니다. 또한 그곳에서는 성도들과 및 땅 위에서 죽임을 당한 모든 자의 피가 발견되었습니다(24절). 그렇기에 그곳은 심판받아 마땅합니다. 심판은 갑자기, 그리고 급작스럽게 이루어질 것입니다. 불에 탈 것이며 마치 바다에 던져진 맷돌과 같을 것입니다. 하나님을 반대하고 하나님의 백성들을 조롱하는 자가 마지막으로 도착할 장소는 이미 정해져 있습니다. 멸망당할 큰 성 바벨론입니다. 그곳에서 슬피 울게 될

것입니다. 본문은 미래에 일어날 역사의 한 장면을 상징적으로 묘사하고 있습니다. 큰 성 바벨론이 무너질 때에도 두려움과 염려가 없도록 든든한 피난처를 꼭 마련하십시오. 그 피난처는 반석이신 예수 그리스도입니다.

스가랴 14장은 여호와의 날에 관한 말씀입니다. 여호와의 날이 곧 이른다고 합니다. 앞서 말한 것처럼, 그날이 이르면 예루살렘을 대적하던 자들이 모두 심판을 받게 될 것입니다. "그때에 여호와께서 나가사 그 이방 나라들을 치시되"(3절). 그리고 하나님과 거룩한 자들이 임할 것인데, 그날에는 낮도 밤도 아닌 빛이 존재할 것이고 예루살렘에서 흘러나오는 생수가 온 세상을 적실 것입니다. 또한 그날에는 하나님만 홀로 왕이 되실 것입니다. 예루살렘을 치러 왔던 이방 나라들이 오히려 여호와께 경배할 것입니다(16절). 스가랴가 말하는 여호와의 날은 요한계시록에 등장하는 최후의 날과 비슷합니다. 새 예루살렘이 내려올 것이고 하나님께서 통치하시는 나라가 될 것인데, 하나님을 대적하는 자들은 심판을 받고 끝까지 인내한 성도들은 위로를 얻을 것입니다. 이처럼 예언서는 우리에게 회개와 경고, 그리고 구원의 확신과 소망을 강력하게 전달합니다.

요한복음 17장은 예수님의 기도입니다. 말씀을 마치신 후 예수님은 하늘을 우러러 기도하십니다. 때가 이르렀으니 아들을 영화롭게 하셔서 아버지를 영화롭게 해 달라는 기도로 시작하십니다(1절). 이 기도는 예수님께서 앞서 계속하여 강조하셨던 것처럼 하나님 아버지와 그 아들 예수 그리스도의 관계에 집중되어 있습니다. "영생은 곧 유일하신 참 하나님과 그가 보내신 자 예수 그리스도를 아는 것이니이다"(3절). 아버지로부터 보내심을 받은 아들이 아버지께서 하라고 주신 일을 다 이루어 아버지를 영화롭게 하였다고도 합니다. 아버지의 것은 내 것이요 내 것은 아버지의 것이라고 하십니다. 아버지와 아들의 관계를 강조한 것은 아들 안에 있는 자들과 아버지의 관계를 또한 강조하기 위해서입니다. 아버지가 아들을 보낸 것처럼 아들도 자기 안에 있는 자들을 세상으로 보냅니다(18절). 아버지 안에 아들이, 아들 안에 아버지가, 그리고 아들 안에 그들이, 그들 안에 아들이 있음을 세상이 알게 해 달라고 기도합니다.

역대하 33장은 므낫세와 아몬의 행적입니다. 므낫세는 아버지가 헐어 버린 우상들을 다시 세웠습니다. 므낫세 시대가 얼마나 악했는지 본문은 이렇게 표현합니다. "유다와 예루살렘 주민이 므낫세의 꾀임을 받고 악을 행한 것이 여호와께서 이스라엘 자손 앞에서 멸하신 모든 나라보다 더욱 심하였더라"(9절). 하나님께서 므낫세에게 경고하십니다. 그러나 그가 듣지를 않습니다. 앗수르의 포로가 된 후에야 하나님을 찾는데, 본문은 그가 그제서야 여호와께서 하나님이신 줄을 알았다고 합니다(13절). 심한 채찍질을 당해야 비로소 하나님을 향한 신앙을 고백하는 사람들이 종종 있습니다. 매질을 당하기 전에 경고를 듣고 돌이켜서 하나님을 붙드는 것이 현명합니다. 하나님은 작은 뉘우침에도 큰 용서를 베푸시기 때문입니다. 므낫세의 아들 아몬이 뒤를 잇지만 그도 교만하여 죄를 짓습니다. 마음을 부드럽게 하여 하나님의 말씀을 새겨 넣읍시다. 듣는 자가 복이 있습니다.

요한계시록 19장은 심판의 정당성과 하나님의 말씀이라 칭하는 자가 강림하는 내용입니다. 큰 성 바벨론을 심판하신 일에 대해 허다한 무리가 이렇게 외칩니다. "그의 심판은 참되고 의로운지라"(2절). 공의로우신 하나님께서 음행으로 땅을 더럽게 한 큰 음녀를 옳게 심판하셔서 당신 종들의 피를 갚으셨다고 합니다. 또한 허다한 무리는 하나님의 통치를 찬양하며 어린양의 혼인 잔치가 다가왔다고 합니다. 그리고 빛나고 깨끗한 세마포 옷을 입을 아내가 자신을 준비한다고 하는데, 이것을 옳은 행실을 한 성도로 해설합니다. 허다한 무리의 찬양 뒤에 백마를 탄 자, 곧 그 이름을 충신과 진실이라 하는 자가 피 뿌린 옷을 입고 공의로 심판하며 싸우는 모습이 나옵니다. 그의 이름은 하나님의 말씀이라고도 합니다(13절). 만왕의 왕이요 만주의 주라는 이름이 있기도 합니다(16절). 그 말 탄 자의 입에서 예리

한 검이 나와 만국을 칩니다. 짐승과 땅의 임금들과 그들의 군대들과 거짓 선지자들이 그와 더불어 싸우다가 잡혀서 유황불 못에 던져집니다. 그 말 탄 자는 말씀으로 심판하시는 예수 그리스도를 뜻합니다. 심판 주이신 예수님께서 오시면 그분을 대적하고 조롱하던 자들은 두려워 떨 것입니다. 그러나 빛나고 깨끗한 세마포 옷을 입은, 곧 옳은 행실로 인내한 성도들은 기뻐할 것입니다. 성도는 그리스도의 오심을 간절히 소망하는 자입니다.

말라기 1장은 제사장들의 죄를 지적합니다. 하나님은 제사장들에게 질문하십니다. "아들은 그 아버지를, 종은 그 주인을 공경하나니 내가 아버지일진대 나를 공경함이 어디 있느냐 내가 주인일진대 나를 두려워함이 어디 있느냐"(6절). 하나님의 질문에 제사장들은 우리는 그런 적이 없다고 말합니다. 하나님은 다시 그들이 더러운 떡을 제단에 바치고, 눈 먼 희생 제물과 저는 것, 병든 것을 바친 사실을 고발하십니다. 차라리 누군가 성전 문을 닫아서 가증스러운 이 일이 일어나지 않았으면 좋겠다고 말씀하십니다. 본문은 제사장들의 위선적인 신앙을 보여 줍니다. 행위는 있지만 마음이 없는 신앙, 그것이 바로 위선적인 신앙입니다. 위선적인 신앙은 하나님을 진노하게 만듭니다.

요한복음 18장에는 재판을 당하시는 예수님이 나옵니다. 드디어 예수님께서 잡히십니다. 먼저 대제사장 앞에서 재판을 당하신 후에 총독 빌라도의 법정에 서게 되십니다. 빌라도가 관정에서 그가 유대인의 왕인지를 심문합니다. 빌라도는 예수님을 놓아 주고 싶었으나 그렇게 하지 못합니다. 마지막 날에 권위와 능력과 군대를 이끌고 이 세상을 심판하실 예수님께서 한낱 인간에게 마치 죄인처럼 재판을 당하셨습니다. 예수님께서 재판을 당하신 것은 우리가 당할 모든 정죄를 친히 짊어지시기 위해서입니다. 예수 그리스도 안에 참된 용서가 있다는 사실을 전심으로 받아들이시기를 바랍니다.

12월 December 29

역대하34장 · 요한계시록20장 · 말라기2장 · 요한복음19장

역대하 34장은 요시야의 행적입니다. 요시야는 선한 왕이었습니다. 그는 우상들을 제거하였고 온 유다와 예루살렘을 정결하게 하였습니다. 특히 그는 성전에서 발견한 율법책을 읽고 크게 자복합니다. 하나님의 말씀을 지키지 않으므로 하나님의 진노가 임했음을 알았기 때문입니다. 훌다 선지자는 이미 재앙을 피할 수 없게 되었지만 요시야는 그 재앙을 보지 않고 죽게 될 것이라고 예언합니다. 이제 요시야는 백성들 앞에서 이 언약책을 읽습니다. 그리고 마음을 다하고 목숨을 다하여 순종하고 이 말씀들을 지키라고 명합니다. 하나님의 말씀을 읽는 것은 참 중요합니다. 첫째로 말씀은 우리의 죄를 비추는 거울입니다. 말씀을 읽을 때 우리는 우리 죄의 실상을 마주합니다. 둘째로 말씀은 우리를 인도하는 나침반입니다. 말씀을 읽을 때 우리는 무엇을 해야 하는지를 깨닫습니다. 말씀을 읽지 않으면 자기 인생이 왜 망해 가고 있는지도 모른 채 망합니다.

요한계시록 20장에는 그리스도의 통치와 사탄의 완전한 패망이 나옵니다. 천사가 하늘로부터 와서 용을 잡습니다. 그는 마귀요 사탄입니다. 천 년 동안 결박하여 무저갱에 가두어 미혹하지 못하게 했다고 합니다. 그리고 성도들이 그리스도와 더불어 천 년 동안 왕 노릇을 한다고 합니다. 천 년이 끝나자 미혹하는 마귀와 짐승과 거짓 선지자가 불과 유황 못에 던져집니다. 그리고 죽은 자들이 모두 자기 행위를 따라 책들에 기록된 대로 심판을 받습니다. 온 세상을 향한 그리스도의 통치권은 그분께서 승천하신 후부터 시작되었습니다. 그리고 왕 같은 제사장이 된 성도도 그리스도 안에서 왕의 지위를 함께 누립니다. 그리스도께서 오신 후 사탄은 결정적으로 패배하였고 그의 힘은 미약해졌습니다. 즉 본문이 말하는 천 년은 그리스도 이후 오늘까지 이어지는 모든 날을 뜻합니다. 우리는 지금 천 년

왕국을 누리고 있습니다. 사탄은 성도를 어찌할 수 없습니다. 성도는 지금 여기에서 그리스도 안에 있는 왕의 지위와 승리의 기쁨을 한껏 만끽할 수 있습니다.

말라기 2장에는 위선적인 제사장들을 향한 하나님의 진노가 나옵니다. 하나님은 제사장들이 비는 복이 저주가 되게 하시겠다고 말씀하십니다. 하나님의 복을 선포하는 제사장의 말이 저주가 되는 것만큼 큰 벌은 없습니다. 제사장들의 자손이 화를 입을 것이고, 제사장들은 큰 수치를 당하게 될 것입니다. 하나님께서 이렇게 하시는 이유는 레위와의 언약 때문입니다. "레위와 세운 나의 언약은 생명과 평강의 언약이라"(5절). 이 언약의 목적은 하나님을 경외하게 하는 것입니다. 그래서 제사장의 입술은 지식을 지켜야 하고, 그로 말미암아 사람들은 제사장의 입에서 율법을 구해야 합니다. 그런데 그들이 옳은 길에서 떠나 오히려 사람들로 율법을 거스르게 하니 하나님께서 그들에게 진노하시는 것은 당연합니다. 제사장들의 죄는 일반 백성들에게도 영향을 끼쳤습니다. 그들은 자기 형제에게 거짓을 행하고 가증한 일을 행하였습니다. 또한 이방 신의 딸과 결혼했습니다. 이방인의 관습을 따라 제사를 드렸습니다. 하나님은 이 모든 가증스러운 행위를 살펴보고 계십니다. "그러므로 너희 심령을 삼가 지켜 거짓을 행하지 말지니라"(16절).

요한복음 19장에는 십자가에서 죽임을 당하시는 예수 그리스도가 나옵니다. 예수님께서 온갖 고초를 당하십니다. 조롱을 당하고 채찍질을 당하고 십자가에 못 박히십니다. 그리고 결국 십자가 위에서 숨을 거두십니다. 본문은 이 모든 것이 성경에 기록된 대로 응하였다고 말합니다. 앞서 예수님께서 말씀하신 것처럼, 예수님은 아버지의 뜻을 이 땅에서 다 행하셨습니다. 그래서 이렇게 고백하고 숨을 거두십니다. "다 이루었다"(30절). 예수님께서 다 이루셨습니다. 우리가 할 일을 남김없이 이루셨습니다. 그러므로 우리는 믿기만 하면 됩니다. 그리스도께서 다 이루신 일, 곧 복음을 받아들입시다. 그리고 그리스도를 찬양합시다.

역대하 35장에서 요시야의 행적이 계속됩니다. 요시야는 유월절을 준비합니다. 하나님께서 구원하신 이날을 모세를 통하여 전하신 말씀을 따라 지킵니다(6절). 요시야왕을 따라 모든 백성들이 함께 제물을 드립니다. 본문은 이 유월절이 다음과 같았다고 합니다. "선지자 사무엘 이후로 이스라엘 가운데서 유월절을 이같이 지키지 못하였고 이스라엘 모든 왕들도 요시야가 제사장들과 레위 사람들과 모인 온 유다와 이스라엘 무리와 예루살렘 주민과 함께 지킨 것처럼은 유월절을 지키지 못하였더라"(18절). 하나님께서 율법에 이르신 대로 유월절을 지킨 것입니다. 우리가 하나님의 뜻대로 살기를 원한다면 반드시 하나님의 말씀을 읽어야 합니다. 그것도 꼼꼼히 읽어야 합니다. 말씀 속에는 우리가 믿어야 할 바와 행해야 할 바가 모두 기록되어 있습니다. 말씀을 빼놓고는 신앙을 말할 수 없습니다.

요한계시록 21장은 새 예루살렘 환상입니다. 처음 하늘과 처음 땅이 없어졌습니다. 그리고 새 하늘과 새 땅이 생겼습니다. 또한 거룩한 성 새 예루살렘이 하늘에서 내려옵니다. 그곳에서는 하나님께서 친히 그들과 함께 계셔서 모든 눈물을 닦아 주십니다. 그곳에는 사망이 없고 애통이 없고 아픔이 없습니다. 만물이 새롭게 됩니다. 그곳에는 이긴 자들이 참여합니다. 반면에 믿지 아니하는 자, 온갖 죄악을 저지른 자는 둘째 사망에 던져집니다. 거룩한 성 새 예루살렘에는 하나님의 영광이 있는데, 참으로 찬란하고 보배로운 모습입니다. 사실 이 성전은 주 하나님 곧 전능하신 이와 및 그 어린양이십니다. 이곳은 어린양의 생명책에 기록된 자들만 들어갈 수 있습니다. 새 예루살렘은 우리가 영원히 거할 처소입니다. 하나님과 사귐이 있는 곳이고, 나쁜 것들은 모두 사라지고 좋은 것들만 가득한 곳입니다.

그곳에는 하나님의 영광이 항상 빛납니다. 새 예루살렘이 임하면 성도는 이 세상을 지나가는 고통에서 벗어나 영광스러운 행복을 영원히 누리게 될 것입니다. 장차 올 영광을 소망하며 오늘을 믿음 안에서 인내합시다.

말라기 3장은 언약의 사자가 임하실 것을 예언합니다. 언약의 사자가 오기 전에 여호와의 사자가 앞서 올 것입니다. 앞서 오는 자는 세례 요한이고 언약의 사자는 예수 그리스도입니다. 예수 그리스도께서 오시면 원수들은 두려워할 것입니다. 그분은 심판하시기 때문입니다. 반면에 성도들은 기뻐할 것입니다. 그분은 구원하시기 때문입니다. 그러므로 하나님은 계속해서 당신께로 돌아오라고 외치십니다. "내게로 돌아오라"(7절). 가장 큰 문제는 그들이 하나님을 대적하고도 그런 줄을 모른다는 것입니다. 그러나 하나님은 이 모든 것을 아십니다. 나름대로의 정의와 가치가 아니라 말씀대로의 정의와 가치로 자기 자신을 살펴보십시오. 그러기 위해 말씀을 꼭 읽으십시오. 말씀을 빼놓고는 신앙을 바르게 평가할 수 없습니다.

요한복음 20장은 예수님의 부활에 관한 말씀입니다. 안식 후 첫날 막달라 마리아가 빈 무덤을 발견합니다. 그 소식을 들은 베드로와 요한도 달려가서 확인합니다. 마리아가 울고 있을 때 천사가 와서 예수님의 부활을 알립니다. 그리고 부활하신 예수님께서 그에게 나타나십니다. 예수님은 제자들이 모인 곳에도 나타나십니다. 열두 제자 중 하나인 도마가 예수님을 의심하였다가 예수님의 옆구리에 손을 넣어 보고 믿게 됩니다. 요한은 이 책을 기록한 목적을 말합니다. "오직 이것을 기록함은 너희로 예수께서 하나님의 아들 그리스도이심을 믿게 하려 함이요 또 너희로 믿고 그 이름을 힘입어 생명을 얻게 하려 함이니라"(31절). 이것은 성경 독서의 목적이기도 합니다. 우리는 성경을 읽으며 하나님의 아들 예수 그리스도를 믿어야 합니다. 또한 그 이름 안에서 생명을 얻어야 합니다. 성령께서 성경을 읽는 성도를 도우실 것입니다.

역대하 36장에는 유다의 멸망과 예루살렘 귀환 이야기가 있습니다. 여호아하스 여호야김, 여호야긴, 그리고 시드기야는 하나님 보시기에 모두 악한 왕이었습니다. 그들은 말씀을 듣지 않았고 하나님 앞에서 겸손하지도 않았습니다. 이 왕들을 거쳐 결국 유다는 바벨론에게 멸망당합니다. 본문은 멸망 이후의 이야기도 약간 전합니다. 예레미야의 입으로 하신 말씀이 바사의 고레스왕을 통해 이루어졌음을 강조합니다. 하나님으로 말미암아 마음이 감동된 고레스왕은 유다 백성들을 예루살렘으로 돌려보내고 성전을 건축하게 합니다. 본문은 우리에게 하나님의 신실하심과 자비하심을 보여 줍니다. 하나님은 한결같이 당신의 언약을 따라 일하십니다. 겸손한 자들을 가까이하시고 교만한 자들을 멀리하십니다. 또한 하나님은 참으로 자비로우십니다. 교만하여 망한 자들을 그냥 버리지 않으시고 다시 새롭게 시작하게 하십니다. 하나님을 알아야 합니다. 하나님을 힘써 알아야 합니다. 하나님을 아는 지식이 곧 우리의 생명을 좌우하기 때문입니다.

요한계시록 22장에는 이 책의 기록 목적이 나옵니다. 예수님께서 요한을 시켜 이 책을 쓰게 하신 이유입니다. "이 말은 신실하고 참된지라 주 곧 선지자들의 영의 하나님이 그의 종들에게 반드시 속히 되어질 일을 보이시려고 그의 천사를 보내셨도다 보라 내가 속히 오리니 이 두루마리의 예언의 말씀을 지키는 자는 복이 있으리라"(6-7절). 첫째, 속히 되어질 일을 보이시려고 이 책을 기록하게 하셨습니다. 그러므로 우리는 이 책을 통해 경고와 소망을 얻을 수 있습니다. 둘째, 이 말씀을 지키도록 기록하게 하셨습니다. 단순한 예언서 아니라 우리가 경건한 삶을 살게 만든다는 것입니다. 그러므로 우리는 이 책을 통해 오늘 어떻게 살아야 할지를 배울 수 있습니다. 무엇보다 우리는 이 책을 보며 이렇게 고백해야 합니다. "아멘

주 예수여 오시옵소서"(20절). 예수님께서 오실 때 악이 심판을 당하고 경건이 높임을 받습니다. 예수님께서 오셔서 통치하시는 그날을 소망하며 간절히 기다립시다.

말라기 4장은 여호와의 크고 두려운 날을 말합니다. 용광로 불 같은 날이라고도 합니다. 그날에는 교만한 자와 악을 행하는 자가 지푸라기 같을 것입니다. 반면에 하나님을 경외하는 자는 공의의 판단 하에서 치료를 받고 기뻐하게 될 것입니다. 그러므로 우리가 할 일은 돌이켜서 말씀에 순종하는 것입니다. 하나님은 우리가 돌이킬 수 있도록 선지자 엘리야를 미리 보내 주시겠다고 말씀하십니다. 마지막 날에는 두 종류의 사람만 남습니다. 교만하여 악을 행하는 자와 하나님을 경외하는 자입니다. 예수님은 염소와 양으로 비유하기도 하셨습니다. 염소는 그날을 무시하겠지만 양은 그날을 소망합니다. 그날에는 경건이 높임을 받고 공의가 실현될 것이기 때문입니다. 하나님께서 그렇게 하실 것입니다.

요한복음 21장에는 베드로에게 양을 먹이라고 말씀하시는 예수님이 나옵니다. 부활하신 예수님께서 디베랴 호숫가에서 제자들 앞에 나타나십니다. 그리고 베드로에게 질문하십니다. "요한의 아들 시몬아 네가 이 사람들보다 나를 더 사랑하느냐"(15절). 베드로가 사랑한다고 대답할 때마다 예수님은 말씀하십니다. "내 양을 먹이라." 본문은 우리에게 예수님께서 오실 때까지 해야 할 일이 무엇인지를 가르칩니다. 첫째, 예수님을 사랑하는 것입니다. 예수님을 사랑하는 것은 세 번의 질문을 던져서 확인해야 할 만큼 중요합니다. 예수님을 사랑하지 않으면 모든 것이 소용없기 때문입니다. 둘째, 예수님의 양을 돌보는 것입니다. 예수님을 사랑한다면 예수님께서 주신 새 계명, 곧 서로 사랑하라는 계명을 힘써 지켜야 합니다. 교회를 돌보고 형제를 사랑하며 이웃에게 자비를 베풀어야 합니다. 예수님께서 오실 때까지 우리가 해야 할 일입니다. 예수님께서 속히 오시길 소망하며 그분께서 우리에게 맡기신 일에 충성을 다합시다. 주께서 우리와 함께하실 것입니다.